國中國文義旨教學

陳佳君 著

總　序

　　近年來，教育當局在國文教材上作了最大改變的，算是廢除國立編譯館的唯一標準本，而開放為各具特色的「一綱多本」。為了適應這種巨大改變，做人老師的，不僅要調整教法，也要改進評量，尤其是面對學生的升學，更需要兼顧各本教材，取長補短，作一番統整的工夫，以免顧此失彼。

　　要統整「一綱多本」的教材，靠的不是課文的多寡，而是「能力」。這個「能力」，就其主要者而言，除關涉文章之義旨（主旨的顯隱、安置與材料的使用）外，還涵蓋了語法之剖析（文法）、字句之鍛鍊（修辭）、篇章之修飾（章法）、文章之體性（風格）及作文（傳統式作文與限制性寫作）、課外閱讀等。而其中的任何一種「能力」，都可以用不同的教材予以培養；換句話說，這種「能力」，是能夠拿任何一篇、一段、一節（句群）的課外文章來進行評量的。這樣，教師就可以將任何一課「課文」當作「手段」來看待，所謂「得魚而忘筌」（《莊子‧外物》），而「課文」就是這個「筌」、「能力」就是那個「魚」了。

　　以上各種「能力」，是完全配合辭章學的內容的。而所謂辭章學，乃結合「形象思維」與「邏輯思維」所形成。一般說來，這兩種思維，各有所主：如果是將一篇辭章所要表達之「情」或「理」，訴諸各種偏於主觀之聯想，和所選取之「景（物）」或「事」接合在一起，或者是專就個別之

「情」、「理」、「景」（物）、「事」等材料本身設計其表現技巧的，皆屬「形象思維」；這涉及了「立意」、「取材」與「措詞」等問題，而主要以此為研究對象的，就是詞彙學、意象學與修辭學等。如果是專就「景（物）」或「事」等各種材料，對應於自然規律，結合「情」與「理」，訴諸偏於客觀之聯想，按秩序、變化、聯貫與統一之原則，前後加以安排、佈置，以成條理的，皆屬「邏輯思維」；這涉及了「運材」、「佈局」與「構詞」等問題，而主要以此為研究對象的，就字句言，即文（語）法學；就篇章言，就是章法學。至於合「形象思維」與「邏輯思維」而為一，探討其整個體性的，則為主題學、文體學、風格學等。而以此整體或個別為對象加以研究的，則統稱為辭章學或文章學。所以由此提煉出各種「能力」，是最為基本、直接而周遍的。

有鑑於此，早在民國八十九年的暑假，便為了替高中「一綱多本」國文教材編一套以「能力」為本位的書，提供高中教師作教學之參考，曾邀集了一組專家學者、高中教師共同來參與這個工作，並且商定這套書的總名為「高中一綱多本國文教材點線面系列」，而內含八本，由不同的人來撰寫，且已依序出版，受到許多高中教師的肯定。因此這次又邀集了一組專家學者、教師共同來編「國中一綱多本國文教材點線面系列」的六本書。這六本書的性類與負責者，依序是：

一、國中國文義旨教學：由陳佳君老師（博士生、小學教師）負責。

二、國中國文文法教學：由楊如雪副教授（台灣師大國

文系）負責。

　　三、國中國文修辭教學：由張春榮教授（國立台北師院語教系）負責。

　　四、國中國文章法教學：由仇小屏助理教授（國立成大中文系）負責。

　　五、國中國文現代文學教學：由潘麗珠教授（台灣師大國文系）負責。

　　六、國中國文教學評量：由鄭圓鈴副教授（台灣科大共同科）負責。

　　這六本書，都兼顧理論與實際，除了安排「總論」加以介紹外，均分別舉一些「一綱多本」重要課文的實例，輔以各種活動，作充分說明，務求凸顯各種「能力」，使讀者一目了然。如此以「能力」為本位，從各角度來統整各本教材，相信對國中的國文教師的教學與學生的學習而言，是會有極大助益的。

　　看到在大家的努力下，這六本書終於將陸續出版，和讀者見面，感激之餘，特地將本套書撰寫的用意與過程，作一概述，聊以表達慶賀的意思。

　　　　　　　　　　　　　　民國九十二年十二月十二日

　　陳滿銘　序於台灣師大國文系835研究室

自　序

　　近年來，中學國文教材已往「一綱多本」的方向發展。對學生而言，該讀的書，似乎越來越多，雖然耗費許多心力和時間，想盡覽各家課文，卻落得囫圇吞棗的窘境；對教師而言，如何統整各版本教材，在有限的授課時數中，能達到最好的教學成效，更成為當務之急。要解決以上的問題，在「教」與「學」方面，皆需以「能力」為本位，因為只要建構好該具備的「能力」，那麼面對任何一篇或一段辭章作品，就能夠找到理解它、賞析它的路徑了。其中，能夠成功的掌握辭章義旨，就是一項十分重要的能力指標。

　　廣義的「義旨」，含括辭章之所有內容，它包括偏於「意」的「情」與「理」，和偏於「象」的「事」和「景（物）」，前者為辭章之核心成分，後者為辭章之外圍成分，其研究範疇關涉著各成分間的組成方式、主旨的安置、主旨的顯隱，以及材料的選用。

　　掌握情、理、事、景這四大內容要素，是審辨辭章作品的第一要務，因為唯有先從內容，了解文學作品「寫些什麼」，也就是作者所欲表達的情意思想和所運用的寫作材料，才能進一步的去談「如何寫成」與「好在哪裡」，進入分析章法結構與欣賞美感效果的層面，最後才能更深刻的從中獲得精神的陶冶。因此，攻讀博士班期間，就在陳滿銘老師的指導下，一直以「辭章內容結構」，也就是「辭章意象

之形成」，作為研究對象，而這幾年也針對一些重要議題，陸續寫成了〈論辭章內容結構之單一類型——以其所適用的章法為考察重心〉、〈論辭章內容結構與章法——以「篇」為考察對象〉、〈思歸的悲調——陸機〈贈從兄車騎〉探析〉（含篇旨與章法）等單篇論文。於是以內容結構來探究國中一綱多本教材的想法，就這樣成形。

綜上所述，本書主要是以掌握「辭章義旨」之能力，統整國中國文一綱多本的重要教材，由「意」（情、理）與「象」（事、景），將其內涵一以貫之。本書更兼顧學術理論與教學實務，所謂學術能提升教學，實務能驗證理論，是一點也沒錯的。然而，寫作此書的目的，無非是希望藉由能力的培養與觀念的建立，一方面使學生能在平時的學習上，厚植實力，並且在有關文意測驗的評量上，能穩當應答；另一方面，能為教師在進行學生國語文能力的養成上，提供一個教學上的參考方向。總之，衷心期盼在多年的研究工作中，能集結一些心得，為中學國文教學，稍盡綿薄之力。

承蒙陳滿銘老師的指導，本書才得以完成，在此致上最誠摯的謝意。此外，感謝薇薇學姊、秀美、錦珏、小妹，為遠在高雄的我複印資料；尤其感謝張春榮老師、小屏學姊和學友們的支持與鼓勵。更感謝萬卷樓圖書有限公司，讓這本書能夠順利出版。

書中疏漏在所難免，尚祈　博雅君子，不吝指正。

陳佳君 2004 年 1 月序於高雄

目　錄

∽ 第 一 章 ∽

總　論

　　本書乃在論述國中國文之義旨教學，主要是從辭章意象
形成的層面，分析國中國文古典詩文教材之內容結構。所謂
辭章的內容結構，包括作者所欲表達的思想情意，及其所選
以運用的寫作材料，也就是作品中「情」、「理」、「事」、
「景（物）」等成分。在這構成辭章內容的四大要素之中，訴
諸主體的「情」、「理」，即屬內在、抽象的「意」，訴諸客
體的「事」、「景」，就屬外在、具體的「象」，可見辭章的
內容結構成分，完全可用意象形成的觀念來統合。就此而
言，廣義的辭章義旨教學，實涵蓋主旨（意）的安置與顯隱
（含寫作背景之探究），以及材料（象）的運用等教學重點項
目。

　　以下即先概論辭章的內容結構與意象形成之間的關係，
及其於辭章學中的定位，並由成分要素、組成類型等方面，
建立其本身之體系，以為理論基礎，最後再簡要介紹本書之
章節安排。

第一節　辭章結構概念

　　所謂辭章的結構，指的是組合內容與組織形式的現象和型態，它通常包括字句與篇章兩大層面。如就字、句而言，它往往涉及文法、辭格，以及文字、聲韻、訓詁等方面，屬於修辭學、文法學等學科的範疇；如就章、篇而言，即為篇章結構，屬於意象學、章法學等學科的範疇。

　　以辭章的「篇章結構」這個研究範疇來說，又包含著內容與形式兩大面向。如就縱向的內容而言，指的就是辭章的內容結構；若就橫向的形式來說，即辭章的形式結構。陳滿銘曾對此闡述道：

> 文章的篇章結構，含縱、橫兩向。其中縱向的結構，由內容，也就是情、理、景、事等組成；而橫向的結構，則由形式，也就是各種章法，如今昔、遠近、大小、本末、賓主、正反、虛實、凡目、因果、抑揚、平側……等組成。[1]

可見內容結構主要是指辭章作品中的情、理、事、景等成分本身；而涉及到組織與關係的形式結構，則是指在秩序、變化、聯貫、統一的四大原則下[2]，進行謀篇布局的各種方

---

[1] 見陳滿銘《章法學新裁》，頁553。

[2] 有關章法四大律之理論，詳見陳滿銘《章法學新裁》，頁21～53、頁319～360；及仇小屏《文章章法論》。

法，如正反、賓主、因果、虛實、今昔、遠近等章法。可以
說，辭章正是由形式構成篇章的橫向結構，並由內容形成其
縱向結構的[3]。它們的關係，大致可列表如下：

本書所論，即歸屬於辭章的「內容結構」（縱向結構）部分。

第二節　意象與辭章學的關係

㈠辭章學的體系

　　辭章乃結合「形象思維」與「邏輯思維」而成。首先，
從「形象思維」這一面來說，主要是關涉到一篇辭章所要表
達之「情」或「理」，也就是「意」，及其所選取之「景」
（物）或「事」，也就是「象」，以上都是形成辭章內容的重
要成分。此外，專就個別之「情」、「理」、「景」（物）、
「事」等成分本身，去修飾和設計其表現技巧的，亦屬形象
思維。由此看來，前者主要以意象為研究對象，後者則屬修
辭的範疇。

　　其次，就「邏輯思維」這一層而言，主要是將「情」、

---

[3] 參見陳滿銘〈談篇章的縱向結構〉稿本之提要。

「理」（意）和「景」、「事」（象），對應於自然規律，按秩序、變化、聯貫與統一之原則，前後加以安排、布置，以形成條理者，而主要以此為研究對象的，就字句言，即牽涉到文（語）法，就篇章而言，就是有關章法的範疇。

再次，統合「形象思維」與「邏輯思維」而言，就是一篇辭章之主旨與風格。以上不論就整體或個別為對象加以研究者，都歸屬於辭章學或文章學的研究範疇[4]。陳滿銘即將上述辭章學的整體關係，圖示如下[5]：

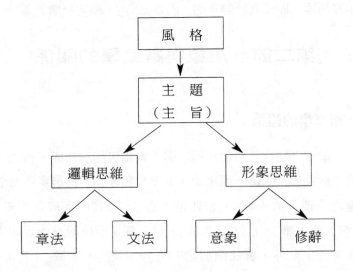

(二)辭章學離不開意象

辭章之「意象」，有整體與個別之分，而且能夠貫串整

---

[4] 以上論述參見陳滿銘《章法學綜論·自序》，頁1；及其〈論意象與辭章〉稿本，頁7。

[5] 見陳滿銘〈論意象與辭章〉稿本，頁7。

個辭章學的內涵。關於意象的意義，陳滿銘表示：所謂的
「意象」，乃合「意」與「象」而成。它是有廣義與狹義之別
的。廣義者指全篇，屬於整體，可以析分為「意」與
「象」；狹義者指個別，屬於局部，往往合「意」與「象」
為一來稱呼。而整體是局部的總括、局部是整體的條分，所
以兩者關係密切。不過，必須一提的是，狹義之「意象」，
亦即個別之「意象」，雖往往合「意」與「象」為一來稱
呼，卻大都用其偏義，譬如草木或桃花的意象，用的是偏於
「意象」之「意」，因為草木或桃花都偏於「象」；如「桃花」
的意象之一為愛情，而愛情是「意」；而團圓或流浪的意
象，則用的是偏於「意象」之「象」，因為團圓或流浪，都
偏於「意」；如「流浪」的意象之一為浮雲，而浮雲是
「象」。因此，前者往往是一「象」多「意」，後者則為一
「意」多「象」。而它們無論是偏於「意」或偏於「象」，通
常都通稱為「意象」。

　　而意象與辭章學的關係十分密切，它能夠統合形象思維
與邏輯思維，統括起辭章學的各個層面。首先，從意象之形
成與表現來看，這部分是與形象思維有關的，因為形象思維
所涉及的，正是「意」（情、理）與「象」（事、景）之結合
及其表現。其中探討「意」（情、理）與「象」（事、景）之
形成者，為「意象學」（狹義），探討「意」（情、理）與
「象」（事、景）之表現者，為「修辭學」。其次，從意象的
組織與排列來看，則是與邏輯思維有關，因為邏輯思維所涉
及者，即為意象（包括：意與意、象與象、意與象、意象與
意象）之排列組織，其中就篇章而言，即屬「章法學」，主

要在探討「意象」之關係與安排，而屬語句者為「文法學」，主要由概念之組合來探討「意象」。最後，個別意象之形成表現與組織排列，會在篇章中統合為整體意象，而就統整辭章以成一有機整體的主旨與風格來說，同樣與意象有關，因為「主旨」是核心之「意」，而風格是以主旨統合各「意象」之形成、表現與排列、組合所產生之一種抽象力量。可見，整個辭章學的內涵，都離不開「意象」[6]。陳滿銘將其關係呈現如下表[7]：

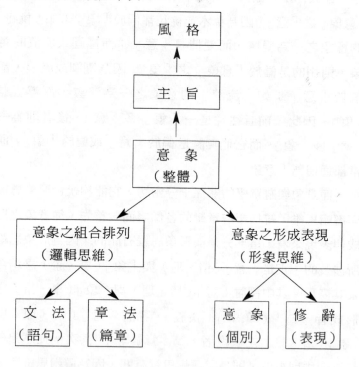

---

[6] 以上論述參見陳滿銘〈論意象與辭章〉稿本，頁10。
[7] 見陳滿銘〈論意象與辭章〉稿本，頁10。

本書之研究範疇，即屬辭章「形象思維」中的「意象之形
成」，其研究對象主要包括個別意象、整體意象，和統貫全
篇內容的主旨。

第三節　內容結構及其與意象的關係

從上文之論述可知，內容結構的研究範疇，實即探討辭
章意象之形成（情、理為「意」，事、景為「象」），故此部
分將直接以意象之形成，來統合辭章內容結構的內涵。

㈠辭章意象的形成成分

由於辭章家在創作時，總會選擇具體的材料（「事」、
「景」），來抒發抽象的義旨（「情」、「理」），故辭章的內
容，大致可統括為抒情、說理、敘事、寫景等四大成分。因
此，歷來文論家對此多有所觸及和闡發，如陳繹曾在《文說》
提出的景、意、事、情[8]；王國維在〈文學小言〉中所說的
景、情二原質論[9]；賈文昭統括的情、意、理、質、事、物
等文學內容構成因素[10]等。

---

[8] 陳繹曾：「景，凡天文地理物象皆景也，景以氣為主；意，凡議論
　思致曲折皆意也，意以理為主；事，凡實事故事皆事也，事生於景
　則真；情，凡喜怒哀樂愛惡欲之真趣皆情也，意出於情則切。凡文
　體雖眾，其意之所從事，必由於此四者而出。故立意之法，必由此
　四者而求之。」見《文說》，收於文淵閣《四庫全書》，頁246。

[9] 王國維：「文學中有二原質焉，曰景，曰情。前者以描寫自然及人
　生之事實為主，後者則吾人對此種事實之精神的態度也。故前者客
　觀的，後者主觀的也。」見《王觀堂先生全集・靜安文集續編》，頁
　1842。

　　辭章內容結構的「情」、「理」、「事」、「景」四大要素，可統攝於主體與客體的兩大關係之中。劉勰《文心雕龍‧體性》即開宗明義的闡述道：

> 夫情動而言形，理發而文見；蓋沿隱以至顯，因內而符外者也。[11]

情、理是隱藏於內在的，當作家受到外在事物的激盪與引發，就會將某種內隱的思想感情，行之於文辭，化為文學作品。清劉熙載在《藝概‧賦概》中即曾表示：「在外者物色，在我者生意。」[12]而紀昀〈鶴街詩稿序〉亦云：

> 心靈百變，物色萬端，逢所感觸，遂生寄托。寄托既遠，興象彌深，於是緣情之什，漸化為文章。[13]

源於心靈所抒發的感觸、寄托，歸之於主觀情思，而宇宙間萬端之物色，則屬客觀的事物。總之，在「主體──客體」的互動中，由於外在的物象紛繁，加上人的內在思維多端，行之於文，則主觀而抽象的情、理，與客觀而具體的事、物，皆有可能相互搭配，以組織起辭章作品的內容。

---

[10] 賈文昭：「作為文學形式的構成因素就是文、辭或語、言，作為文學內容的構成因素就是情、意、理、質、事、物。」見《中國古代文論類編》，頁1～2。

[11] 見劉勰著、范文瀾注《文心雕龍注》卷六，頁505。

[12] 見劉熙載《藝概》卷三，頁98。

[13] 見紀昀《紀文達公遺集》卷九，頁32下。

　　再就意象與辭章的密切關係而言，辭章內容結構成分中，主觀而抽象的「情」、「理」，即屬內在的「意」，客觀而具體的「事」、「物」，就屬外在的「象」，陳滿銘在探討「意象」與「辭章」的研究中，就闡述了兩者的關係：

　　　　辭章內容的主要成分，不外情、理與事、物（景）。
　　　　其中情與理為「意」，屬核心成分；事與物（景）乃
　　　　「象」，為外圍成分。[14]

可見辭章的內容結構成分——情、理、事、景，完全可用意象的觀念來統合。從辭章學的整體內涵而言，探討意象之形成與表現者，皆與形象思維有關，它包含了意象學和修辭學的層面，其中，研究篇章所選以運用的寫作材料（象），與所欲表達的情意思想（意）者，就屬於「辭章意象形成」的研究範疇[15]。

　　由於「情」、「理」、「事」、「景」當中具有這層主客關係，故辭章家所選以書寫的客觀事件、景物，實是為了表達主觀的情意或思想而服務，這樣一來，形成意象的四大成分之間，就存在著主從的關係，也就是說，「情」、「理」的表抒是寫作的目的，而「事」、「景」的運用則是手段。劉勰在《文心雕龍·熔裁》中說：

　　　　履端於始，則設情以位體；舉正於中，則酌事以取

---

[14] 見陳滿銘〈論意象與辭章〉稿本，頁4。
[15] 參見陳滿銘〈辭章「多、二、一（0）」結構論〉稿本，頁6。

類；歸餘於終，則措辭以舉要。[16]

由此可見，為文的步驟應先求立意，然後再選擇適當的寫作
材料，最後才是修飾的問題。在此過程中，前者關乎核心的
「情」、「理」，中間階段則屬取材方面，關乎「事」、「物」
之內容。《文心雕龍·附會》中更強調：文章的組織成分，
是以「情志為神明，事義為骨鯁」[17]若以人體來比況辭章，
則情感意志的地位就如同一個人的精神，事理資料就像是一
個人的骨幹[18]，所以，安排辭章的中心義旨，是寫作時的首
要工夫，其次才是依文章情意的需要，去選取材料。而晉摯
虞在〈文章流別志論〉中，論述「賦」這種文體時曾謂：

古詩之賦，以情義為主，以事類為佐。[19]

摯虞在文中先將「賦」大別為孫卿、屈原一類的「古詩之賦」
與體制宏大的「今之賦」，並指出「頗有古詩之義」的賦作，
是以情意之抒發為主，以事件典故、外在物象為佐[20]。除了古
詩、賦體，此主從概念亦可擴大至其他文類而言，故其說亦

---

[16] 見劉勰著、范文瀾注《文心雕龍注》卷七，頁543。
[17] 見劉勰著、范文瀾注《文心雕龍注》卷九，頁650。
[18] 參見王更生《文心雕龍讀本》下篇，頁251。
[19] 見摯虞〈文章流別志論〉，《摯太常遺書》卷三，頁3上。
[20] 參見摯虞〈文章流別志論〉，《摯太常遺書》卷三，頁3上～3下。
　　另外，摯虞所稱之「古詩」，包含《詩經》、樂府等，參見摯虞〈文
　　章流別志論〉，《摯太常遺書》卷三，頁2上。

可在探討核心的「情」、「理」與外圍的「事」、「景」時做
為參考。清代黃子雲在《野鴻詩的》也說:

> 情志者,詩之根柢也;景物者,詩之枝葉也。根柢,
> 本也;枝葉,末也。[21]

此處是以本、末關係來看待情志與景物。陳滿銘在〈談篇章
的縱向結構〉一文中,即針對內容結構的主從性質,明確的
說道:

> 其中「情」與「理」,是「主」;而「景」(物)、
> 「事」為「從」。……也就是說,作者用「景」(物)、
> 「事」來寫,是手段,而藉以充分凸顯「情」與
> 「理」,才是目的。[22]

故見辭章是以情理為主,以材料為輔。事實上,王國維在
《人間詞話》中曾說過:「一切景語皆情語也。」[23]在此則
可加以擴充為[24]:

---

[21] 見黃子雲《野鴻詩的》,收於《清詩話》三,頁5下。
[22] 見陳滿銘《章法學新裁》,頁505~506。
[23] 見王國維《人間詞話》卷下,收於《王觀堂先生全集》,頁5947。
[24] 參見陳滿銘《章法學新裁》,頁505~506;及其《章法學綜論》,
頁137。

辭章作品大致上離不開寫景以表情、記事以言理，或是詠物以明理、敘事以抒情，甚至是更複雜的複合性組織，如「景、事、理」、「事、景、情」等情況。但無論如何曲盡變化，只要能透過所運用的寫作材料（象），掌握住作者真正所欲表達的核心情理（意），對於分析辭章內容或章法，也就不至於滯礙難通。

因此，辭章意象形成的四大成分，可依辭章內容之情、理、事、景，在文學作品中的主從關係，歸納為「核心成分」和「外圍成分」兩類[25]。

屬於「意」的「核心成分」，包括「情」與「理」，是辭章的抽象意涵。「情」者，指的是辭章中抒發情感的內容，如表達喜、怒、哀、懼、愛、惡、欲等心理狀態皆屬之；「理」者，則包含議論、說明、評斷等層面。由於作者所要表達的情思或是道理，通常都是作品裡最重要的義旨所在，因此「情」或「理」也就成了內容結構中的主要部分。辭章之義旨，有就全篇而言的「篇旨」，也就是一篇之主旨，也包含就節段而言的「章旨」。就「篇」的部分來說，辭章的核心情理，也就是主旨，通常會根據實際的需要，或是手法上的講求，而在表現的深淺上，有直接顯現者，或將深一層

---

[25] 此依陳滿銘在〈談篇章結構〉一文之說。見《章法學新裁》，頁392～403。

的、真正的主旨隱藏起來者，甚至還有顯中有隱等方式。此外，辭章家在抒發思想情意時，也同時面對著如何安排主旨的問題，而其基本形式不外安置於篇首、篇腹、篇末及篇外，這些不同的方式，也都有其特殊的作用和美感效果。綜上所述，辭章內容結構的核心成分（意），實即牽涉了篇與章、顯與隱和安置的部位等諸般議題。

屬於「象」的「外圍成分」，則有「景」與「事」，這兩種成分是辭章作品中的具體材料，也就是所謂的「物材」（包括景）和「事材」。在進行創作時，作家常會藉由運「物」為材或運「事」為材，以呈現出作品的內蘊。就物材而言，舉凡動植物、時節氣候、天文地理等自然物，和人體特徵、人工建築、器物、飲食等人工物，及不具事件或活動發展的角色人物等，皆可成為與作家情意相應的寫作材料。在進行創作時，作家會藉由掌握外在景物的特性和價值，選擇與其內在的思想情理相合的物材來寫作，並且產生體切人情的種種意涵，因此，許多辭章家常會透過物材來表情達意，使思想情感的表出更有韻味。再就事材來說，凡是發生在天地宇宙之間的事情，都可以成為辭章的材料，因此，所敘述的「事」，可以是經歷過的事實，也可以是歷史典故的運用，甚至可以是虛構的故事。透過事材，讀者很容易的能夠藉由聯想和比附，深刻的體會作者所欲表達的內容，是故許多辭章家常喜愛運「事」為材，來表現出作品的內涵。由此可見，景、事等外圍的具體材料（象），都與辭章的義蘊有著密切的關係[26]。

綜上所述，所謂辭章的內容結構，包括「情」、「理」、

014

「事」、「景」四大成分。一般而言,辭章作品是以情理為主,材料為輔,因此,可以說所有材料(外圍、具體的「事」、「景」)是為主旨(核心、抽象的「情」、「理」)服務的。而辭章的內容成分,又是與意象之形成層面融為一體的,也就是說,在這四大成分中,「情」與「理」為抽象、主觀的「意」,屬於內容結構的核心成分;而「事」與「景」屬具體、客觀的「象」,為外圍成分[27]。

茲將辭章意象形成之四大成分列表如下,以清眉目[28]:

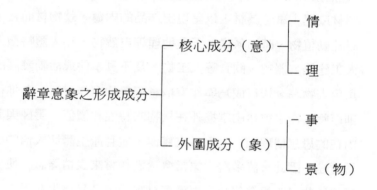

---

[26] 以上參見拙作〈論辭章內容結構之單一類型——以其所適用的章法為考察重心〉,收於《修辭論叢(四)》,頁668～669。

[27] 參見陳滿銘〈論意象與辭章〉稿本,頁4。

[28] 本表參見拙作〈論辭章內容結構之單一類型——以其所適用的章法為考察重心〉,收於《修辭論叢(四)》,頁669,並根據陳滿銘〈論意象與辭章〉稿本修改。

(二)意象形成之組成類型

　　由於人的思緒千端，外境紛繁，再加上寫作技巧的多元，使得辭章意象形成之四大成分，有單獨呈現者，亦有透過相互搭配以呈現一篇之內容者。章微穎先生在《中學國文教學法》書中即提到：「文章是多彩多姿的，其所含事狀與情理，一篇之中，常常或多或少，兼而有之——表達事狀的或介入情理以抒意見感想；表達情理的，或介入事狀以為引據例證。」此外，也有「純粹表達事狀及純粹表達情理的文章」[29] 其中，「兼而有之」者，即複合抽象情理與具體事物為內容，「純粹」者，即單寫情、理或事、景。而陳滿銘則進一步將意象形成之組成類型，統整為「單一類型」與「複合類型」兩種[30]。

　　「單一類型」是指「情」、「理」、「事」、「景」這些主要成分，單獨出現於篇章結構中的某些層級，構成只偏於呈現「意」的單「情」、單「理」類型，和僅偏於呈現「象」的單「事」、單「景」等類型。

　　舉例而言，單「情」類型者，如〈吳聲歌曲·子夜歌〉之二十一（別後涕流連），是以「目凡目」的結構，抒發別後相思之情[31]，再如崔顥〈黃鶴樓〉末二句，以「愁」字，統括全詩懷古思鄉之意[32]。單「理」類型者，譬如杜秋娘

---

[29] 見章微穎先生《中學國文教學法》，頁30。
[30] 見陳滿銘《章法學新裁》，頁490～528。
[31] 參見拙作〈論辭章內容結構之單一類型——以其所適用的章法為考察重心〉，收於《修辭論叢（四）》，頁672。

〈金縷衣〉，透過「先反後正」之結構來說明「少壯不努力，老大徒傷悲」的道理[33]，又如《孝經·廣要道》先由本而末的平提「孝」、「悌」、「樂」、「禮」，再側注於「禮」[34]。單「事」類型者，像是《世說新語》記晉明帝早慧一則，多次運用了「先問後答」結構來敘述事件[35]，還有《列子·愚公移山》，是以因果法記錄一則寓言故事[36]。單「景」類型者，如馬致遠的〈天淨沙〉，全曲即是透過圖底章法，將充溢著「斷腸」況味的秋郊夕景，融為一爐[37]，再如歐陽脩的〈采桑子〉，首句以「西湖好」總括全篇，再由近處的隄上之景，與遠處的水上之景，分兩目描繪西湖的春深好景[38]。

「複合類型」則是指組合「情」、「理」、「事」、「景」中，兩種或兩種以上的成分，它可以有：一、「情」與「景」的複合；二、「理」與「事」的複合；三、其他類型的複合，如「景、理」、「事、情」、「景、事」、「情、理」、「事、景、情」等，不論是意結合意、象結合象、或是意結合象，這些不同的組合方式，都可以呈現於篇章結構中的任何層級，形成豐富多變的內容樣態和章法現象。

第一、就「情」與「景」的複合而言，是指複合「情」

---

[32] 參見陳滿銘《文章結構分析》，頁221～223

[33] 參見拙作〈論辭章內容結構之單一類型——以其所適用的章法為考察重心〉，收於《修辭論叢（四）》，頁674。

[34] 參見陳滿銘《章法學新裁》，頁501～502。

[35] 參見拙作《虛實章法析論》，頁203～204。

[36] 參見陳滿銘《章法學新裁》，頁490～492。

[37] 參見拙作〈論辭章內容結構之單一類型——以其所適用的章法為考察重心〉，收於《修辭論叢（四）》，頁679～680。

[38] 參見陳滿銘《章法學新裁》，頁496～497。

（意）與「景」（象）的成分，以形成「篇」或「章」某一層
結構的類型[39]，而其所形成的篇章結構，則有「先景後
情」、「先情後景」、「景情景」、「情景情」等。此種複合
類型之例，如先抒情再寫景的王安石〈秣陵道中口占〉之
二，將日暮途遠的客愁，寄於秋風蕭索的茫茫歸路[40]，再如
馬戴的〈落日悵望〉，以孤雲、歸鳥和夕陽等景致，引發自
己留滯異鄉的愁思[41]。第二、所謂「理」與「事」的複合，
意為複合議論（意）與敘事（象）之內容結構成分，以形成
「篇」或「章」某一層結構的類型[42]，它可形成「先敘後
論」、「先論後敘」、「論敘論」等結構型態。「理」與「事」
的複合之例，譬如姚鎔的〈海魚〉以「先敘後論」的結構，
點明知進不知退的警世之語，又如李紱〈無怒軒記〉，是一
篇以「論─敘─論─敘」結構所寫成的文章，並且又可以
「先因後果」來統括兩個「論─敘」，主要乃在闡發了「無怒」
的真意[43]。第三、則是其他類型的複合，此指「情」、
「理」、「事」、「景」四大要素，扣除「情」與「景」、「理」
與「事」兩種複合類型的其他組合方式，像是李白的〈黃鶴
樓送孟浩然之廣陵〉，主要藉「景」（象）、「事」（象）來烘

---

[39] 見陳滿銘《章法學新裁》，頁506。
[40] 黃永武：「那種日暮途遠的客愁，在秋風蕭索的異鄉，更顯得孤寂
　　無助了。」見《中國詩學──鑑賞篇》，頁81。
[41] 以上二例，參見拙作《虛實章法析論》，頁207、263～264。
[42] 見陳滿銘《章法學新裁》，頁511。
[43] 以上二例，參見拙作《虛實章法析論》，頁209～210、227～
　　228。

托離情[44]；而「景」（象）與「理」（意）的複合類型，如朱熹〈觀書有感〉之一，從反映天光雲影之清澈方塘，提煉出人生哲理[45]；再如龔自珍〈病梅館記〉，為「事」（象）、「情」（意）結合的篇章，文中先寫開闢「病梅館」照顧梅栽之事，再因事生情，抒發願窮盡一生來照顧病梅的強烈期望[46]；又如蘇軾〈記承天寺夜遊〉，全文以「事」、「景」、「情」之內容結構成篇，即先就「象」，記夜間一遊承天寺的事，再寫所見之景，最後就「意」，抒發由此而生的閒適之情。可見其他類型的複合，可以呈現出許多不同的組織方式。

　　為求條理明白，特將辭章意象形成之組成類型，列表如下：

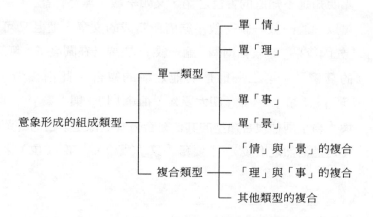

---

[44] 見陳滿銘《文章結構分析》，頁11。
[45] 見陳滿銘《章法學新裁》，頁523～524。
[46] 參見仇小屏《章法新視野》，頁269。

第四節　本書章節之安排

　　依上述辭章內容結構（即意象形成）之理論體系，本書在章節安排上，乃先就國中國文教材之古典詩文，分為「教材分析篇」與「教學活動篇」兩大部分，來探討國中國文的義旨教學，前者復以上、下二章，分別探討「主旨的安置與顯隱」（意）與「材料的運用」（象），後者則主要由理論分析，走向實際運用，共設計六種與情、理、事、景等意象形成相關之教學活動，以為示例。書末並附「主題分類表」、「主旨的安置與顯隱統整表」、「材料運用統整表」，將本書所論述之古典詩文教材，透過表列，一清眉目。

　　需進一步說明的是，在「主旨的安置與顯隱」一章中，本書先依主旨安置的部位，分為「安置於篇首」、「安置於篇腹」、「安置於篇末」、「安置於篇外」四節，其中，安置於篇首的詩文，多半屬於主旨全顯的類型，安置於篇腹者，全屬顯旨之類，安置於篇外者，乃屬主旨全隱之性質，而安置於篇末者，則可再就主旨的顯隱，分為「主旨全顯」與「主旨顯中有隱」兩類。此外，因主旨安置於篇外者，又有單用「景」、單用「事」，和疊用「景」、「事」材料的不同，故此節又分「單一類型」與「複合類型」來探討。各節內部，則再依「主題」加以統整，共分為「抒情類」、「說理勸勉類」、「為學處事類」與「頌揚類」，其中，因主旨為抒情性質的課文，還能再就不同的情意作分類，故此部分之古典詩文，又是依「喜樂之情」、「閒適之情」、「思鄉之

情」、「離別之情」與「其他」等項目來排序，而各篇課文在進入主要之分析內容前，則先點出其重要的寫作背景，以為審辨課文義旨之前奏曲。在「材料的運用」一章中，則分「物材」與「事材」兩大類舉例說明，而物材一節，又分「自然性物類」、「人工性物類」及「角色性人物」三目，事材的部分，則依「歷史事材」、「現實事材」及「虛構事材」之分類，進行探究。

綜上所述，本書共以四大章節，來探討國中國文古典詩文教材之義旨教學，依次為：第一章、總論；第二章、教材分析篇（上）──主旨的安置與顯隱；第三章、教材分析篇（下）──材料的運用；第四章、教學活動篇。書末附錄「國中國文義旨統整表」與「主要參考書目」。

⌒ 第二章 ⌒

教材分析篇（上）

——主旨的安置與顯隱

為講求謀篇佈局的藝術技巧，並使創作義旨能成功表達與解讀，必須注意到主旨的安置部位和顯隱問題。一般說來，主旨的安置有呈現於篇內及篇外兩大類。如果作者所欲抒發的情意思想，能夠透過作品中的核心情語或理語，予以掌握者，就屬於主旨安置於篇內的情形，其類型又可分為出現在篇首、篇腹或篇末三種。如果作者只運用事材或物材來敘事或寫景，產生「意在言外」的效果，則屬主旨安置於篇外的情形。再就主旨表現的深淺而言，辭章家通常會根據實際的需要，或是手法上的要求，而有直接敘明者，或將深一層的、真正的主旨隱藏起來者，形成主旨全顯、全隱、或顯中有隱的方式。

第一節　主旨安置於篇首

在辭章作品的一開篇，即把主要義旨拈出，便是主旨安置於篇首的作法，這種方式頗能收到開門見山的效果。

在國中國文所選的古典詩歌中，以此種技巧安排主旨者，計有〈鳥鳴澗〉和〈贈別〉之二兩首。主旨置於篇首的

古典散文，則有〈兒時記趣〉、〈陋室銘〉、〈勤訓〉、〈寄弟墨書〉等篇，和《世說新語》中的〈陶公性檢厲〉、〈王藍田性急〉兩則。其中，除選自《世說新語·忿狷第三十一》的〈王藍田性急〉之中心義旨為顯中有隱外，其餘各篇的文意都在篇內即完全表達清楚，屬於主旨全顯的類型。以下即分就各主題意識來作討論。

壹、抒情類

主要義旨為抒情類的課文，共有兩篇詩歌和一篇散文。其中〈兒時記趣〉屬於抒發「喜樂之情」，〈鳥鳴澗〉為「閒適之情」，〈贈別〉之二則屬「離別之情」。

(一)沈復〈兒時記趣〉

課文

余憶童稚時，能張目對日，明察秋毫。見藐小微物，必細察其紋理，故時有物外之趣。

夏蚊成雷，私擬作群鶴舞空，心之所向，則或千或百，果然鶴也；昂首觀之，項為之強。又留蚊於素帳中，徐噴以煙，使之沖煙飛鳴，作青雲白鶴觀；果如鶴唳雲端，為之怡然稱快。

又常於土牆凹凸處、花臺小草叢雜處，蹲其身，使與臺齊；定神細視，以叢草為林，蟲蟻為獸；以土礫凸者為丘，凹者為壑，神遊其中，怡然自得。

一日，見二蟲鬥草間，觀之，興正濃，忽有龐然大物，拔山倒樹而來，蓋一癩蝦蟆也。舌一吐而二蟲盡為

　　所吞。余年幼，方出神，不覺呀然驚恐。神定，捉蝦
蟆，鞭數十，驅之別院。

說明

　　沈復著有筆記式自傳《浮生六記》，書中共選六大主
題，來記錄人生的喜怒哀樂，依次是：一、〈閨房記樂〉，
寫夫妻間的感情生活；二、〈閒情記趣〉，寫生活中的閒情
逸致；三、〈坎坷記愁〉，敘其家庭的變故；四、〈浪遊記
快〉，記敘自己到各地遊歷的樂趣；五、〈中山記歷〉，載錄
與翰林院編修齊鯤，一同出使琉球的見聞；六、〈養生記
道〉，談他在養生方面的心得[1]。惜此書今僅存前四記，而本
文就是由《浮生六記》中的第二記〈閒情記趣〉選錄而出，
主要記載童年時，在生活中因觀察而獲致的樂趣。

　　全文表現出真摯的童心童趣，首段先點出兒時能從「細
察紋理」而得「物外之趣」，由二段至篇末，則分別選取
「夏蚊」、「蟲蟻」、「癩蝦蟆」三個典型物材，具體的說明
如何因「細察紋理」而獲致「物外之趣」。其中，這三個事
件的呈現方式，皆是由細察事物的「物內」推至「物外」，
而終獲其趣味，與第一段段總括性的內容，作了緊密的呼
應。首先，在寫夏蚊一段，是先將蚊子分「鶴舞」與「鶴唳」
兩節，形容其聲如雷與留蚊於帳中的部分，都是就物內來
寫，而一擬作「群鶴舞空」，一擬作「鶴唳雲端」，則是轉向

---

[1] 參見沈復《浮生六記》；及康軒版《國中國文教師手冊》第一冊，
　頁102。

物外，最後再透過「項為之強」的姿勢，和「怡然稱快」的心境，寫「物外之趣」；其次，交代蹲身環境一段，為物內，把叢草、蟲蟻、土礫，經細察而浮出想像畫面者，屬物外，「怡然自得」則為其趣；最後，以見到二蟲相鬥的物內情況，推至物外形容蝦蟆誇張式的出場，再用鞭之、驅之的動作，表現童稚之趣。由上可知，此文以「物外之趣」一意貫穿，自始至終無不針對著「趣」字來寫[2]，而這個「趣」字在開頭的地方即已敘明，所以是於篇首揭明主題的類型。

㈡王維〈鳥鳴澗〉

> 人閑桂花落，夜靜春山空。
> 月出驚山鳥，時鳴春澗中。

說明

　　王維晚年虔敬習佛，生活和心靈無不歸於靜寂，故此時的詩作大多充滿空靈禪境，這首神韻清絕，情意平和恬靜的小詩，即屬此類[3]。〈鳥鳴澗〉這首詩，是組詩〈皇甫嶽雲溪雜題五首〉之一，故這首詩的寫作地點是在浙江若耶溪邊，若耶溪即雲溪，皇甫嶽是王維的友人，詩中所描寫的就是他在雲溪邊隱居的住所，對此陳滿銘亦提出：王維此作是「藉皇甫嶽雲溪別墅的閑景，將主人翁的閑心作充分的襯

---

[2] 見陳滿銘《文章結構分析》，頁19。
[3] 參見王熙元《詩詞評析與教學》，頁36～38。

托。」[4]所以，〈鳥鳴澗〉是以雲溪為背景，透過清幽的環境，以顯出人的閒靜。

　　首句的「人閑」二字，即直接抒發了作者恬適的心境，是詩中的核心情語所在[5]。接著，一連串幽靜的山中春夜景致，便隨之一一浮現：由於人的閒靜，而觀察到香氣極淡的四季桂，隨風飄落，在夜闌山靜的氛圍中，連月光從雲隙中透出，都會驚動了山中鳥兒，時於澗谷中，發出清亮的鳴聲。其中，末二句可謂成功的化用王籍「蟬噪林逾靜，鳥鳴山更幽」的詩句，巧妙的以動顯靜。史雙元即對其內容和意境論述道：「在詩人筆下，春山、明月、花落、鳥鳴，萬物興歇，皆得自在。春山夜靜，這種『靜』又並非頑空死寂之靜，而是充滿生命律動之靜。」[6]王熙元也表示：「靜中山鳥時鳴，是以動喻靜的手法，不僅在景觀氣氛上，劃破了月出時春澗的寧靜，而且鳥鳴聲顯示生命的存在，禪趣靈活生動地顯露無遺。」[7]人之「閑」，正體現於一種自在而又充滿禪機的生命哲學之中。總之，〈鳥鳴澗〉的主旨即在篇首的「情」（人閑），屬於顯旨；二句之後，分別就桂花之閑、夜山之閑、澗谷之閑來寫景，其作用乃在於以景襯情，而且後半描繪景致的部分，也是全詩焦點——「人閑」的背景，適切的起著烘托閒靜之情的作用。

---

[4] 見陳滿銘《章法學新裁》，頁293。
[5] 陳滿銘：「此詩首先以『人閑』二字直接寫主人翁恬適之心境，是一篇之主旨。」見《章法學新裁》，頁293。
[6] 見史雙元〈〈鳥鳴澗〉別解〉，刊於《人間福報》2002.12.6。
[7] 見王熙元《詩詞評析與教學》，頁38。

(三)杜牧〈贈別〉之二

课文

多情卻是總無情，惟覺樽前笑不成。

蠟燭有心還惜別，替人垂淚到天明。

說明

杜牧共寫有兩首〈贈別〉詩，是他在大和九年（西元835年）離開揚州，準備前往長安時，留別女伴而作。喻守真謂：「據杜牧別傳：牧在揚州，每夕為狹斜遊，所至成歡，……可見這兩首詩是幕之在揚州留別妓女而作。」[8]金性堯亦注云：「作者在揚州時常游妓院，生活放蕩，後升御史，節度史牛僧孺為他餞行，以此為勸。」[9]在內容上，〈贈別〉其一乃在盛讚女子的美好，而本首則是敘寫一個即將遠行之人，留詩贈與送行人的依依離情。

這首贈別詩，頭一句即點出「多情」，以統合全詩意境，故此抒發別情之主旨，屬安排於篇首的形式。二句描述因離別在即，使人面對離筵而顯得鬱鬱寡歡，可見起句中的「無情」二字，正是多情到了極點的表現[10]。以上是就離人

---

[8] 見喻守真《唐詩三百首詳析》，頁313。

[9] 見金性堯注《唐詩三百首新注》，頁352。

[10] 黃永武：「杜牧用翻筆並列『多情』『無情』二個相反的詞彙在一句中，句子是靈妙的，內涵是繁複的，應該說：多情到了極點，卻反像無情一樣，只是怎麼樣在樽前也笑不起來了！」見《中國詩學——設計篇》，頁104。

的部分正寫，以下轉寫眼前之蠟燭，藉物襯情，透過蠟淚營造了特殊的氛圍，其中「有心」二字，一語雙關，一是就現象指蠟燭有燭心，一則是就擬人以蠟燭喻情人的心意，所以後半仍緊扣「多情」而來。邱燮友在分析其作法時，便表示：「第二首是抒其惜別之情，言昔日的多情，如今反似無情的樣子，然臨別不免為別情所困，歡笑不起來。三四兩句寫女子的多情，愈覺自己的不忍離去。」[11] 將其義旨提綱挈領的作了說明。

貳、說理勸勉類

此部分包括針對人物作出品評的《世說新語・忿狷第三十一》（王藍田性急），和偏於勸勉類的〈陋室銘〉、〈寄弟墨書〉。

㈠《世說新語・忿狷第三十一》（王藍田性急）

課文

　　王藍田性急。嘗食雞子，以箸刺之，不得，更大怒，舉以擲地。雞子于地圓轉未止，乃下地以屐齒碾之，又不得，瞋甚，復于地取內口中，嚙破即吐之。王右軍聞而大笑曰：「使安期有此性，猶當無一豪可論，況藍田邪？」

---

[11] 見邱燮友《新譯唐詩三百首》，頁381。

說明

　　王述，字懷祖，晉太原人，因襲爵藍田侯，故稱王藍田。事親孝謹，《世說新語》中即載有許多關於他的事蹟[12]，不過，這則短文是在記錄王述吃雞蛋的小事，生動的表現其急躁的個性，並藉此警惕人們應注意性情上的修養，屬於主旨顯中有隱的類型。

　　首句的「王藍田性急」，是帶有評議性質的看法，故主旨屬於安置在篇首的類型。下文主要為敘事，作者在此先點出「食雞子」，作為整個事件的引子；中間則透過時間的推進，刻劃王藍田和雞蛋嘔氣的滑稽動作，與從「大怒」到「瞋甚」的氣憤情緒，將他「性急」的人格特質，凸顯得十分深刻。文章末段加記王羲之聽聞此事後，所發之言論，一方面以為全文之尾聲，另一方面也藉著他的父親，來作一對照，暗示為人實應戒急的道理。

(二)**劉禹錫〈陋室銘〉**

課文

　　山不在高，有仙則名；水不在深，有龍則靈；斯是陋室，惟吾德馨。苔痕上階綠，草色入簾青。談笑有鴻儒，往來無白丁。可以調素琴，閱金經。無絲竹之亂耳，無案牘之勞形。南陽諸葛廬，西蜀子雲亭。孔子

---

[12] 參見張撝之譯注《世說新語譯注》，頁765；及劉正浩等注譯《新譯世說新語》，頁167、820。

云：「何陋之有？」

說明

　　劉禹錫在擔任和州（今安徽省和縣）刺史時，建有一間住所，名曰「陋室」，清代陳廷桂《歷陽典錄》曾載：「陋室，在（和）州治內，唐和州刺史劉禹錫建，有銘，柳公權書碑。」雖然它寫作的確切時間已不可考，但大致是作於劉禹錫受到當時的政治革新集團失敗的牽累，而遭到貶官的時期[13]，他為自己的居室，寫了這篇銘文，主要的目的則是在勉己進德修業。

　　文章開篇四句，以山、水陪襯出主角——室，並點出「斯是陋室，惟吾德馨」的主要義涵，拈出居室主人高尚的節操，正是使得「陋室不陋」的原因所在，林雲銘即謂：「有德可以忘其室之陋，此句是通篇結穴。」[14]；中間則分「室中景」與「室中事」兩部分，來表現雖居陋室，依然安適自樂之意，在敘事一節，還從正反對比中，詳述往來的友朋與自己在室中的活動，李如鸞曾針對此段說明道：「以上所寫的陋室之景，陋室之人，陋室之事，目的在於表明『惟吾德馨』，正因為陋室的主人道德高尚，聲名遠播，才見出陋室不陋。」[15]文章結筆處，先引著名的諸葛廬與子雲亭為例，再透過孔子語典，寄寓「君子居之」的內涵，回叩篇首

---

[13] 參見徐公持等《古代抒情散文鑑賞集》，頁189～190。
[14] 見林雲銘《古文析義》，頁270。
[15] 見李如鸞〈短小、精粹、雋永——劉禹錫〈陋室銘〉賞析〉，《國文天地》4卷9期，頁76。

的「德」字。這「惟吾德馨」一句，一方面寄寓褒贊之意，更重要的是期勉自己往修養道德的方向努力，故全文主旨乃屬安置於篇首、全顯的類型。

(三)鄭燮〈寄弟墨書〉

課文

　　十月二十六日得家書，知新置田穫秋稼五百斛，甚喜。而今而後，堪為農夫以沒世矣。

　　我想天地間第一等人，只有農夫，而士為四民之末。農夫上者種地百畝，其次七八十畝，其次五六十畝，皆苦其身，勤其力，耕種收穫，以養天下之人。使天下無農夫，舉世皆餓死矣。吾輩讀書人，入則孝，出則弟，守先待後，得志，澤加於民；不得志，修身見於世；所以又高於農夫一等。今則不然，一捧書本，便想中舉人，中進士，作官如何攫取金錢，造大房屋，置多田產。起手便錯走了路頭，後來越做越壞，總沒有個好結果。其不能發達者，鄉里作惡，小頭銳面，更不可當。夫束修自好者，豈無其人？經濟自期，抗懷千古者，亦所在多有；而好人為壞人所累，遂令我輩開不得口。一開口，人便笑曰：「汝輩書生，總是會說，他日居官，便不如此說了。」所以忍氣吞聲，只得捱人笑罵。工人制器利用，賈人搬有運無，皆有便民之處；而士獨於民大不便，無怪乎居四民之末也，且求居四民之末而亦不可得也。

　　愚兄平生最重農夫。新招佃地人，必須待之以禮。

彼稱我為主人，我稱彼為客戶；主客原是對待之義，我何貴而彼何賤乎？

　　吾家業地雖有三百畝，總是典產，不可久恃。將來須買田二百畝，予兄弟二人，各得百畝足矣，亦古者一夫受田百畝之義也。若再求多，便是占人產業，莫大罪過。天下無田無業者多矣，我獨何人，貪求無厭，窮民將何所措手足乎？

說明

　　板橋所著家書，共有十六封，本課所選原題為〈范縣署中寄舍弟墨第四書〉。當時的時代背景雖正值康雍乾盛世，但對漢人來說，畢竟是處於異族高壓懷柔的政策之中，而權臣間亦不乏有結黨營私等種種亂象，板橋身處於此惡劣的政治環境，遂期勉子弟們在處事上能以務本為重，信中除見其對讀書人與農人的看法外，亦可體會其仁愛思想。

　　首段為總起全文的部分，作者先以得家書為引子，再透過田穫豐收之因，帶出「而今而後，堪為農夫以沒世矣」之感謂，而後文內容亦全由此意貫串，故主旨即安置於篇首。次段承上，寫「重農」之意，這裡先交代農夫為天下第一等人的結論，再透過農人之貢獻、今昔讀書人之對照與工人商賈之比較等三層內容，敘明原因。三段再次緊叩「堪為農夫以沒世」，對兄弟子姪提出應以禮對待佃地之人的道理。結尾處則告戒家人不可只依恃典產家業，並囑咐置產不應貪求。嚴迪昌指出：這封〈第四書〉，乃專講「務本勤民」，他一再謂歎「堪為農夫以沒世矣」，告誡兄弟子姪輩，在「重

農夫」上，要勤謹而不准蕩軼[16]。全文確實是由各個角度的論說，將自己的心願和戒勉子弟以務農自給自守的意思，表露無疑。

參、為學處事類

李文炤的〈勤訓〉一文，在主題上是屬於論述處事道理的文章。

◎李文炤〈勤訓〉

課文

治生之道，莫則尚乎勤，故邵子云：「一日之計在於晨，一歲之計在於春，一生之計在於勤。」言雖近而旨則遠矣。

無如人之常情，惡勞而好逸，甘食褕衣，玩日愒歲。以之為農，則不能深耕而易耨；以之為工，則不能計日效功；以之為商，不能乘時而趨利；以之為士，則不能篤志而力行；徒然食息於天地之間，是一蠹耳。

夫天地之化，日新則不敝。故戶樞不蠹，流水不腐，誠不欲其常安也。人之心與力，何不然？勞則思，逸則淫，物之情也。大禹之聖，且惜寸陰；陶侃之賢，且惜分陰；又況賢聖不若彼者乎？

---

[16] 見陳振鵬、章培恒主編《古文鑑賞辭典》，頁1883～1884。

說明

　　李文炤，字元朗，號恆齋，清善化（今湖南省長沙縣）人。雖幼時即穎悟過人，仍十分致力向學，博覽經史，並深究其蘊奧，康熙癸巳（五十二）年舉鄉試，官穀城教諭。文炤性情篤厚純孝，躬行實踐，於主講嶽麓書院期間，嘗以扶持世教為任，並以修己治人之學教導門生。由其為人處事的思想背景觀之，這篇選自《恆齋文集》的〈勤訓〉，實體現著作者勉勵後輩學子勤奮不懈的用心。

　　此文重在論述人應尚勤的道理。作者在首段就先開門見山的破題，以「治生之道，莫則尚乎勤」二句，點醒一篇主旨，並舉邵子之語為證，從正面提出勤勉的重要性。接著再就反面，分別從「農」、「工」、「商」、「士」等層面，論述惡勞好逸者，如同一蠹蟲。文末又回到正面作結，作者先全面的論說「天地之化，日新不敝」的現象，再側重於人事，舉大禹、陶侃為例，強調人應珍惜光陰，尚勤不懈的道理。在正反對比之下，文章的主旨十分明確，說服力也增強不少。

肆、頌揚類

　　在主旨安置於篇首的國文教材中，《世說新語·政事第三》（陶公性檢厲）是屬於頌揚類的文章。

◎《世說新語·政事第三》（陶公性檢厲）

課文

> 　　陶公性檢厲，勤于事。作荊州時，敕船官悉錄鋸木屑，不限多少，咸不解此意。後正會，值積雪始晴，聽事前除雪後猶濕。于是悉用木屑覆之，都無所妨。官用竹，皆令錄厚頭，積之如山。後桓宣武伐蜀，裝船，悉以作釘。又云：嘗發所在竹篙，有一官長連根取之，仍當足，乃超兩階用之。

說明

　　陶侃，字士衡，晉廬江（今江西九江縣）人，以軍功官至侍中、太尉，封長沙郡公。侃勤於職事，嚴於約下，甚有時譽[17]。本文文旨即在表達敬佩陶侃節約檢厲，勤於政事的辦事風格。

　　「陶公性檢厲」一句，是帶有評論性、總結性的「凡」，故主旨在篇首即敘明。《新譯世說新語》分析道：「在這則短文裡，作者特地舉用陶侃利用鋸木屑以覆濕階、以厚竹頭作船釘、獎勵官長以竹根代鐵足的三件事例，為其『性檢厲，勤於事』作充分的證明。所謂先凡（總括）後目（條分），寫得條理清晰異常。」[18]透過先總括後分目的結構，

---

[17] 參見張撝之譯注《世說新語譯注》，頁77；及劉正浩等注譯《新譯世說新語》，頁77。

[18] 見劉正浩等注譯《新譯世說新語》，頁140。

選取三件典型事件為例，使讀者在短短的篇幅中，馬上對陶侃的處事態度，有了鮮明的印象。

第二節　主旨安置於篇腹

一篇辭章之主旨，若安置在中間或中間偏前、篇後的結構單元，即為篇腹呈現之類型，它通常具有凸出美（就主旨或綱領言）與對稱美（就前後言），十分特殊。屬於主旨安置在篇腹的課文，其主要義旨皆於篇內即清楚呈現，故亦為主旨全顯的類型。

在國中國文教材裡，主旨在篇腹出現的古典詩歌，有〈楓橋夜泊〉、〈聞官軍收河南河北〉、〈山坡羊·潼關懷古〉三篇。而在古典散文的教材中，〈五柳先生傳〉和〈與宋元思書〉的主旨都安排在篇腹呈現。就主題分類而言，主旨安置在篇腹的課文，則可大別為「抒情類」與「頌揚類」。

壹、抒情類

本節含抒寫「喜樂之情」的〈聞官軍收河南河北〉、「閒適之情」的〈與宋元思書〉、「思鄉之情」的〈楓橋夜泊〉、與「其他類」的〈山坡羊·潼關懷古〉。

(一)杜甫〈聞官軍收河南河北〉

課文

　　劍外忽傳收薊北，初聞涕淚滿衣裳。

　　卻看妻子愁何在，漫卷詩書喜欲狂。

白日放歌須縱酒，青春作伴好還鄉。

即從巴峽穿巫峽，便下襄陽向洛陽。

說明

　　此詩因家鄉光復得還而作。金性堯在說明〈聞官軍收河南河北〉的寫作背景時，云：「代宗廣德元年（七六三）正月，史朝義（史思明之子）兵敗，自縊於林中，其將田承嗣、李懷仙皆舉地降。至此，河南、河北地區相繼收復。時杜甫寓居梓州（今四川三台縣），乃作此詩。」[19]延續七年的安史之亂終於結束，這份得以還鄉的喜悅心情，亦在飽受戰亂流離的詩人筆下不得不發。

　　整首詩的主旨，就出現在篇腹的「喜欲狂」三字，陳滿銘即清楚說道：「此詩旨在寫『聞官軍收河南河北』後『喜欲狂』之情。」[20]作者先由「劍外」一句，交代事件的起因，然後透過自己和妻子淚濕衣裳、漫捲詩書的反應，表現出聽聞好消息後狂喜的情形。清施補華《峴傭說詩》就指出：「聞官軍收河南河北，喜事也，劍外忽傳收薊北，今人動筆便接『喜欲狂』矣。忽拗一筆云：初聞涕淚滿衣裳，以曲取勢，活動在『初聞』二字。從『初聞』轉出『卻看』，從『卻看』轉出『漫卷』，纔到『喜得還鄉』正面。」[21]從「初聞涕淚」，再寫到「卻看」與「漫卷」，然後才在篇腹拈

---

[19] 見金性堯注《唐詩三百首新注》，頁254。

[20] 見陳滿銘《文章結構分析》，頁38。

[21] 見施補華《峴傭說詩》，收於《清詩話》，頁1264。

出「喜」字，確實極盡曲折美感。而後兩聯轉為虛寫的手法，作者全就預想，先就春日寫打算還鄉的時間，再直呈四個地名，「一口氣虛寫還鄉所準備經過的路程」[22]，沈秋雄即分析說：「通觀全詩，前四句是實寫，後四句是虛擬，而句句都有喜躍意，一氣貫注，把作者當時的歡悅心情表現得淋漓盡致。」[23]這「一氣貫注」的「喜躍意」，是不難於篇內所描述的情緒及動作中體會出來的。

㈡吳均〈與宋元思書〉

課文

> 風煙俱淨，天山共色，從流飄蕩，任意東西。自富陽至桐廬，一百許里，奇山異水，天下獨絕。
>
> 水皆縹碧，千丈見底，游魚細石，直視無礙。急湍甚箭，猛浪若奔。
>
> 夾岸高山，皆生寒樹。負勢競上，互相軒邈，爭高直指，千百成峰。
>
> 泉水激石，泠泠作響；好鳥相鳴，嚶嚶成韻。蟬則千轉不窮，猿則百叫無絕。鳶飛戾天者，望峰息心；經綸世務者，窺谷忘返。橫柯上蔽，在晝猶昏；疏條交映，有時見日。

---

[22] 見陳滿銘《文章結構分析》，頁39。

[23] 見沈秋雄〈一首喜心翻倒的詩──杜甫〈聞官軍收河南河北〉賞析〉，《國文天地》4卷12期，頁99。

說明

　　吳均，生於宋明帝泰始五年（西元469年），卒於梁武帝普通元年（西元520年），家世背景雖然貧寒，卻「好學有俊才」，惜其所處的時代正是門閥觀念極重的魏晉南北朝，他雖作過建安王偉記室、國侍郎、奉朝請等官職，但仕宦之途仍稱不上順遂[24]，或許這也是吳均詩文喜抒山水景物，以寄託回歸自然的心願之因。

　　這篇山水小品是透過富陽到桐廬間的奇山異水，抒發不慕仕宦功名的隱逸思想。篇首即清楚的總述出此地「奇山異水，天下獨絕」的勝景，底下再先就低空間寫「異水」，然後就高空間寫「奇山」，周兆祥就說：「其所見者，一為『奇山』，一為『異水』；為下文的分別著墨提示了一個大綱。把山之奇、水之異加以具體生動的描繪，就是下文即將展示出來的內容。」[25]寫水處，是由形容水色及其深度，凸顯其中的魚與石，表現水之靜態美，接著從急湍猛浪，描述水景的另一面，表現其動態美。寫山處，是由視覺寫競相爭高的山峰，再轉向聽覺，由泉聲、鳥鳴、蟬囀、猿啼，寫天籟般的山聲，末尾則回到視覺，以時明時昧的光影變化寫山樹。就在前後兩節寫景的段落之間，作者又用插敘的方式抒發心中感謂，將外在的模山範水與內在嚮往自然的心境，融

---

[24] 參見唐姚思廉《梁書》卷四十九〈列傳〉第四十三。

[25] 見周兆祥〈山水駢文的佳作——讀吳均〈與宋元思書〉〉，《文史知識》1982.11，頁41。

為一爐，周兆祥表示：「這自然是一方面在讚嘆山之高、林之深、谷之幽，同時也在暗喻功名之不可求。」[26]而陳滿銘也說明：「這四句話寫了作者面對『奇山異水』時所湧生的感觸，透露作者隱逸的思想，這可說是一篇主旨之所在。」[27]不求功名，寄情山水，也是出身寒門以致仕途不達的吳均，在轉化身世之感後，而能超脫世俗的心情寫照。由此可看出，中間抒情的章節，便是一篇主旨，屬於安置於篇腹的型態。

(三)張繼〈楓橋夜泊〉

 課文

> 月落烏啼霜滿天，江楓漁火對愁眠。
>
> 姑蘇城外寒山寺，夜半鐘聲到客船。

 說明

　　唐代詩人張繼，於晚年曾漫遊於吳越之間，這首詩是他客旅蘇州，夜晚留宿舟中時所寫的名篇。

　　全詩之核心情意，是在抒發旅居異鄉的愁苦[28]，焦點集

---

[26] 見周兆祥〈山水駢文的佳作——讀吳均〈與宋元思書〉〉，《文史知識》1982.11，頁42。

[27] 見陳滿銘《章法學新裁》，頁277。又，于非亦表示：「『息心』、『忘返』是述遊人之意。」在描繪景致的內容中，所插寫的這個「意」，即是文章的情語所在。見《古代風景散文譯釋》，頁17～18。

[28] 陳滿銘：「此詩旨在寫旅愁。」見《文章結構分析》，頁14。又邱燮友：「這是一首客旅不寐的詩，重點在『愁』字。」見《新譯唐詩三百首》，頁363。

中於客旅異地、愁不能寐的主人翁身上。首句就高處寫仰觀之月景、霜氣與聽覺的烏啼，次句就低處寫平視所見之江楓、漁火，烘托出一片蕭瑟憂淒的環境背景；三句則將空間推向眼所未見的寒山寺，再把鏡頭順著寺裡所傳來的鐘聲，回到客船上，彷彿這股旅愁也隨之迴盪不已，形成另一個加強愁思的背景。傅武光指出：「詩情的發展是因羈旅作『客』而生『愁』（鄉愁），因愁而不能成眠（所謂「對愁眠」實際是不眠），因為不眠，所以月亮落山，他看到了；烏鴉啼叫，他也聽到了；滿天的寒氣，他感受到了；江畔的楓樹，漁舟的燈火，也在微茫的夜色中映入這位來自異鄉的愁人的眼簾；那寒山寺清亮的鐘聲，自然更是聲聲入耳了。」[29]就詩意而言，這些空間景致，無一不渲染出一片淒清愁苦的況味，而二句的情語──「愁」字，也就是統括人與景的主旨所在，所以此詩之主旨很明顯是安置於篇腹的形式。

(四)張養浩〈山坡羊·潼關懷古〉

課文

峰巒如聚，波濤如怒，山河表裡潼關路。望西都，意踟躕，傷心秦漢經行處，宮闕萬間都做了土。興，百姓苦；亡，百姓苦。

---

[29] 見傅武光〈「江楓」不是楓樹嗎？〉，收於《名家論國中國文續編》（上），頁42。

說明

　　張養浩為元前期的散曲作家，幼有義行，讀書不輟，為官清廉仁慈，有德政，後因厭倦宦海浮沉，棄官歸隱，然文宗天曆二年（西元1329年），遇關中大旱，特拜陝西行臺中丞，賑濟災民，積勞成疾，遂卒於任上[30]。張養浩共寫有九首懷古小令，而〈山坡羊・潼關懷古〉最為人傳誦，是他晚年在陝西治旱賑災時所作。此曲主要是寫其路經潼關時所生發的感歎，表達對民生疾苦最沉痛的悲憫。

　　前三句寫潼關之形勝，首先映入眼簾的是層層峰巒與奔騰急湍，可見得開篇這兩句已給整首曲作，潑出一幅氣勢恢宏的意象，其後再用「山河表裡」一句，收拾峰巒與波濤，並點出固若金湯的潼關地理，而這險要的關隘，自然也成為歷代兵家必爭之地，故行文至此，即由景轉而抒發情理。遙望著都城，卻令人意有所感，想起由秦至漢，宮闕無不隨王朝盛衰，新建起又成焦土，而付出代價的卻總是可憐百姓，因此，為百姓所受的苦痛而「傷心」，可說是全曲的點睛之處，趙山林就說：「從秦到漢，兵家爭奪潼關，經營關中，在千千萬萬百姓的屍骨上建立起新的王朝，建造起富麗堂皇的宮殿，到了舊王朝滅亡的時候，這些宮殿又總是付之一炬，化為焦土。這一不斷重演的歷史活劇，被作者壓縮在『傷心』二句之中」[31]這一壓縮，不僅使詩歌具有精煉的藝

---

[30] 參見部編版《國民中學國文教師手冊》第六冊，頁54。
[31] 見趙山林《詩詞曲藝術論》，頁261。

術性，也使作品發出強大的張力。總之，這裡的「傷心」二字，扣合了「懷古」的主題，是全曲之核心情語；後四句則由歷史現象，提煉出精警的理語，用以加強為人民苦難而傷心的情意，由此可知，主旨是呈現於篇腹抒情的部分，然此關懷民瘼的感慨，亦是貫穿著全篇，尤其以此情意回應至前半所繪之景象，的確使作品透露出深刻的感染力和沉鬱的風格。

貳、頌揚類

主旨呈現於篇腹的頌揚類文章，有陶淵明的〈五柳先生傳〉一文。

◎陶淵明〈五柳先生傳〉

 課文

　　先生不知何許人也，亦不詳其姓字。宅邊有五柳樹，因以為號焉。

　　閒靜少言，不慕榮利。好讀書，不求甚解；每有會意，便欣然忘食。性嗜酒，家貧不能常得；親舊知其如此，或置酒而招之。造飲輒盡，期在必醉；既醉而退，曾不吝情去留。環堵蕭然，不蔽風日；短褐穿結，簞瓢屢空。──晏如也。常著文章自娛，頗示己志。忘懷得失，以此自終。

　　贊曰：黔婁之妻有言：「不戚戚於貧賤，不汲汲於富貴。」味其言，茲若人之儔乎？啣觴賦詩，以樂其志。無懷氏之民歟！葛天氏之民歟！

說明

　　東晉時期，門閥制度的不公、政治角力的黑暗、道德風氣的淪喪，使因任自然的陶淵明，不願繼續在官場上同流合污，這篇帶有自傳性質的文章，就是他棄官歸隱後的作品，《宋書》載：「潛少有高趣，嘗著五柳先生傳以自況。」[32]吳楚材在《評註古文觀止》中也表示：「淵明以彭澤令辭歸後，劉裕移晉祚，恥不復仕，號五柳先生，此傳乃自述其生平之行也。」[33]倪其心也對本文的時代背景和個人處境歸結道：陶淵明看到了門閥充斥虛偽，政治處處險惡，就越發堅定地安貧樂道，任真自得，過清貧的隱士生活，守高潔的志士節操[34]，這篇文章就是在陳述這樣的心境。

　　本文在內容情意上，是在頌揚五柳先生的高尚性行，並藉此表明自己的情懷志節[35]。作者在前四句，先點出主人翁之來歷，說明其稱號的來源，而這裡埋沒了他的姓名與出身，無疑是給當時的門第制度一記棒喝，也由此更見其真隱士之風範。接著再寫他因「不慕榮利」、「賦詩樂志」，而能「忘懷得失」的閒淡自得的品格，然而，無論是他少言、不喜為官的個性，或是在讀書、飲酒、寫作的志趣，以及能在物質生活上安貧樂道，都是使他能夠忘卻一切世俗得失的原因，故此忘懷得失之意，起著包孕全篇內容的作用。篇末則

---

[32] 見沈約《宋書》卷九十三〈列傳〉第五十三。

[33] 見吳楚材《評註古文觀止》卷七，頁10。

[34] 參見徐公持等《古代抒情散文鑑賞集》，頁80。

[35] 參見徐公持等《古代抒情散文鑑賞集》，頁80。

仿史傳形式，以贊語做結，在這個節段中，引黔婁妻所言者，正呼應著「不慕榮利」一節，「啣觴賦詩」兩句，則呼應著前文「賦詩樂志」的內容，而藉上古時代的人物喻其高風亮節，則是呼應著首段和「忘懷得失」一節，可見後半的贊語，完全根據前面敘事的內容所生，而通常一篇主旨即會出現在這種帶有評論性與總結性的文字裡，但由於末二句是以譬喻的方式，發出讚美之意，而並未出現情理語，此時就必須順著文章的內部呼應，回到前半，抓出明確呈現的「忘懷得失」四字，為主要的核心成分，如此一來，篇腹的「忘懷得失」即為主旨所在，是相當特殊的例子。

第三節　主旨安置於篇末

辭章之內容，在前半先徐徐鋪墊，至文章結尾處，方才點明主旨者，就屬於主旨安置於篇末的結構類型，這種謀篇佈局法具有畫龍點睛的功效，能夠引人入勝。而這類課文的主旨性質，又可分為「主旨全顯」和「主旨顯中有隱」兩類來探討。

壹、主旨全顯

將主旨安置於篇末，且為全顯之詩歌有〈山居秋暝〉、〈歸園田居〉、〈四時讀書樂〉之一與之二、〈浣溪沙〉和〈天淨沙〉。而散文則有〈為學一首示子姪〉、〈記承天寺夜遊〉、〈王叔遠核舟記〉、〈習慣說〉、〈座右銘〉等篇。

一、抒情類

將顯旨安排在篇末呈現的課文，有表現「喜樂之情」的〈四時讀書樂〉之一與之二，「閒適之情」的〈山居秋暝〉、〈歸園田居〉、〈記承天寺夜遊〉，以及抒發「思鄉之情」的〈浣溪沙〉和〈天淨沙〉等篇。

(一)翁森〈四時讀書樂〉之一

> **課文**
>
> 山光照檻水繞廊，舞雩歸詠春風香。
>
> 好鳥枝頭亦朋友，落花水面皆文章。
>
> 蹉跎莫遣韶光老，人生惟有讀書好。
>
> 讀書之樂樂何如？綠滿窗前草不除。

說明

翁森，宋元之際仙居人（今浙江仙居），嘗取朱熹白鹿洞書院的學規隱居講學，〈四時讀書樂〉即選自其《一瓢稿》，內容是抒寫春、夏、秋、冬四季的讀書之樂，本詩是在表現春季讀書的情趣。

這首樂府在首句是就視覺寫廳廊的山光與水色，二句事中帶景，就嗅覺寫春風送來的陣陣香氣，三四兩句再回到視覺，先由高處寫好鳥，再從低處寫落花，點明這些景物都是陪伴閱讀的好對象，以上節段主要是描繪書齋環境與景致，其作用在為後半主題的呈現，作一番鋪墊與渲染。然在凸顯「讀書之樂」的主旨前，作者先安插兩句說理的內容，由反

而正的勸勉讀書之要，大大加強了篇末抒情的感染力，而全詩之核心成分，也在景、理的烘托下，很自然的透過問答，藉末句以景作喻的綠草，帶出生生不息的讀書之樂。

㈡翁森〈四時讀書樂〉之二

課文

> 新竹壓簷桑四圍，小齋幽敞明朱曦。
> 畫長吟罷蟬鳴樹，夜深爐落螢入幃。
> 北窗高臥羲皇侶，只因素稔讀書趣。
> 讀書之樂樂無窮，瑤琴一曲來薰風。

說明

　　〈四時讀書樂〉之二是將季節鎖定在夏季，運用景、事材來抒發讀書的樂趣。詩先就「景」，描繪屋外清幽的桑竹，與灑落齋內的燦爛陽光，其次再就「事」，透過蟬鳴和爐落螢至的相伴，由畫而夜的表現夏日讀書的閒適；篇末抒情的部分，則是先說明因平時即深悟讀書之趣，故常能學習羲皇之人的逍遙自在，最後再用譬喻，歸結出夏天讀書的無窮趣味，有如於南風中撫琴一曲般的美妙。故全詩的核心情語，就在篇末「讀書之樂樂無窮，瑤琴一曲來薰風」二句，是將顯旨安置於篇末的形式。

㈢王維〈山居秋暝〉

課文

> 空山新雨後，天氣晚來秋。

明月松間照，清泉石上流。

竹喧歸浣女，蓮動下漁舟。

隨意春芳歇，王孫自可留。

說明

　　王維在安史亂後的生活和心境，與前期慷慨昂揚，具有雄心壯志的氣勢，大有不同，故流露於作品中的風格，也轉抒自然恬淡的情趣。〈山居秋暝〉就是此期清新雋永的山水詩佳作之一。

　　此詩在藉山居秋日的美景，抒其閒淡之情，主旨在篇末抒情的部分[36]。詩之前半寫景，作者先寫山林中，秋日傍晚雨後的天氣，以交代其時空意境，接著描寫松間明月、石上清泉的自然幽景，與浣女喧鬧之聲、漁舟在蓮葉搖曳中順流而下的人事佳景，透過清新生動的畫面，暗把秋暝山居的閒適一一體現。末兩句屬於抒情的節段，是全詩旨意的重點所在，說明即使春日美景不再，但山中人事景物一樣有值得留戀之處。由此可見，此詩正是以空山雨後清幽的景物，使得詩人不慕官職、一心歸隱的決心更強而有力[37]。

（四）陶淵明〈歸園田居〉

---

[36] 黃振民：「結言山中適意如此，雖春芳已歇，王孫亦自可留，蓋極言山居之佳也。」見《歷代詩評解》，頁209。

[37] 參見拙作〈情景法的理論與應用——以中學詩歌課文為例〉，《國文天地》15卷5期，頁75。

> ### 課文
>
> 種豆南山下，草盛豆苗稀。
>
> 晨興理荒穢，帶月荷鋤歸。
>
> 道狹草木長，夕露沾我衣。
>
> 衣沾不足惜，但使願無違。

說明

　　〈歸園田居〉為組詩，共有五首，皆為陶淵明在晉安帝義熙元年（西元405年），自彭澤辭官歸隱後的作品，詩風和情趣皆轉為抒發回歸田園生活的恬靜自得。本課所選為〈歸園田居〉之三。

　　陶淵明這首詩作主要是藉由躬耕生活，表達回歸田園的心願。敘事的部分，占了大半篇幅，首句以南山種豆，引出全篇內容，然後分「農作」與「農務」兩層，具體細述種豆情形。其中在「農作」一節，說明雜草茂盛而豆苗稀少的生長概況；而在「農務」一節，則是敘寫清晨即需展開辛勤的工作，直到月出露寒，始得返家，將主人翁日出而作，日落而息之勞動生活作了較詳細的描述。作者在此又運用沾衣之露水，很巧妙的把詩歌由「事」過渡到「情」，提出就算露濕了衣裳亦不足惜，只求不違背自己的心意。劉崇義說：「作品的主旨是『不違己志』，在篇末出現。作者退隱過著耕讀的生活，儘管不熟悉農務，倍增艱辛，但是內心卻很坦然，面對這一切的困境總比險惡狡詐官場過得真實的生活，最後歸結主旨，宣揚自己歸隱田園的決心。」[38]「但使願無違」揭示了只要不違背自己的人生願望，那麼一切生活上的

艱苦，都可以忍受[39]，這個願望就是回歸自然，不讓自己在污濁的官場樊籠中，失去自我任真的本性，綜括而言，此詩之主旨即在篇末的「情」，而作者所欲抒發的正是對隱居生活的嚮往和一種怡然自得的心境。

(五)蘇軾〈記承天寺夜遊〉

課文

　　元豐六年十月十二日，夜，解衣欲睡，月色入戶，欣然起行。念無與樂者，遂至承天寺，尋張懷民。懷民亦未寢，相與步於中庭。

　　庭下如積水空明，水中藻荇交橫，蓋竹柏影也。

　　何夜無月？何處無竹柏？但少閒人如吾兩人耳！

說明

　　宋神宗元豐二年（西元1079年）七月，蘇軾因烏臺詩案被貶謫於黃州（今湖北省黃岡縣），任團練副使之閒職，他在這一個時期所寫的作品，多半含有勉己曠達以對的人生哲理。元豐六年（西元1083年）時，是蘇軾謫居黃州的第四年，與子瞻同謫居齊安任主簿的張夢得，寓居於承天寺，兩人皆喜以「自放山水之間」為樂，故結為好友，本文除藉

---

[38] 見劉崇義《國中古典詩歌散文賞析續篇》，頁8。

[39] 駱玉明：「後用『但使願無違』收結了全篇，一切艱苦都可以忍受，只要不違背自己的人生願望，這才是全詩的主旨。……這一主旨雖然是在最後才點明的，但也是貫穿全詩的。」見馬美信、賀聖遂主編《中國古代詩歌欣賞辭典》，頁91。

記以抒懷外，亦含有彼此勉勵之意。

　　文章描述了蘇軾謫居生活的一個片斷，反映出他隨緣自適又感慨深微的特殊心境[40]。作者先記夜間一遊承天寺的事，再寫所見之景，最後抒發由此而生的夜遊之樂和閒逸之情，故主旨就出現在篇末。首段的敘事，先點出夜遊的時間，再細說成行的原因；次段主要在寫竹柏之景，但作者不直接面對竹柏實景，而是以巧妙的比喻，透過月光來描繪其影，這樣一來，不但呼應前段由「月色」而生起的遊興，也使夜遊別有一番趣味；末段則是縮合「事」、「景」而生「情」，此抒情的部分又藉由一問一答，從月色與竹柏之「常」，更加凸顯出「人之閑」的可貴。顏玲指出：「它暗示了世人大多汲汲名利，牽纏俗務；它也顯示了作者的心胸曠達飄逸。」[41]當然，這份超然自適的人生觀，是蘇軾等謫居客，對自己身世之感的寬慰語，也是文中所顯露的主要情意。

(六)周邦彥〈浣溪沙〉

　　　樓上晴天碧四垂，樓前芳草接天涯，勸君莫上最高梯。　　新筍已成堂下竹，落花都上燕巢泥，忍聽林表杜鵑啼。

---

[40] 見劉禹昌、熊禮匯《唐宋八大家文章精華》，頁716。
[41] 見王國安編《古代散文賞析》，頁228。

說明

　　周邦彥，錢塘人，因進獻〈汴都賦〉，擢為太學正，後於哲宗即位初期，因高太后垂簾聽政，廢除新政，而長期浮沉於州縣間，擔任微小的官職，直到哲宗親政，才又奉召還京。但於徽宗政和二年，又出知隆德府，五年徙知明州，六年復入京，提舉大晟府，重和元年再度出知順昌府，徙處州。二十年間，周邦彥進出京城多次，輾轉流徙的生命歷程，亦使其詞作除有表現江山之勝與懷古之情的內容外，仍以傷春悲秋、羈旅離別為多[42]。

　　這首詞作情景交迭，上闋先就遠處，在開篇二句將空間由高而低的移動，敘寫登樓所見的空闊晴空，與象徵愁思的綿延芳草；三句抒情，將自己滿腔惆悵，藉著勸人莫上高樓的反語襯托出來，但也足見由於詞人自己實已上樓，才見眼前諸多傷懷景物。下闋先由近處寫筍已成竹、花成巢泥，再以不忍聽聞杜鵑啼叫，逐步推衍出思鄉愁緒的主意，俞陛雲謂此詞後半乃言「芳序已過，而歸期猶滯。」[43]可見新筍與落花兩句，是透過寫景帶出時序之推移，暗指歸日卻仍遙遙無期之意，而結句的「杜鵑」則隱含「有家歸未得」的意象，故全詞的思鄉主旨，也在前文的鋪陳後，畫龍點睛的在篇末豁然澄清。

---

[42] 參見部編版《國民中學國文教師手冊》第五冊，頁134～143。及唐圭璋主編《唐宋詞鑑賞辭典》，頁527、557。
[43] 見俞陛雲《唐宋詞選釋》，頁127。

㈦馬致遠〈天淨沙〉

 課文

> 枯藤、老樹、昏鴉。小橋、流水、人家。古道、西風、瘦馬。夕陽西下。斷腸人在天涯。

說明

馬致遠，號東籬，元大都（今北平市）人。年輕時因逢元代廢科舉，只得流落民間，編寫雜劇，直至科舉恢復後，亦僅任江浙行省務提舉的副職，因此，仕途的不得志與多年的漂泊轉徙，也使馬致遠不由得發出「世事飽諳多，二十年漂泊生涯」（〈青杏子〉）的感慨[44]。本曲選自《東籬樂府》，題為「秋思」，其作意乃在藉冷落、淒涼之景，襯托出浪跡天涯的愁苦。

作者於前三句，運用了「鼎足對」的形式，寫眼前所見的空間，其中「枯藤」兩句是寫道旁所見，「古道」句是寫道中所見。接著，再以「夕陽」一句，兼寫時空，不僅點明黃昏時刻，也以遠方之落日擴大空間，增強全曲的情味力量。然而，前面所描繪的景致，實皆為了凸顯末尾「在天涯」的「斷腸」之人，曲中遊子思鄉的情緒與充溢著「斷腸」況味的秋郊夕景，亦因而融為一爐[45]。黃克就分析道：「這些

---

[44] 參見孫蓉蓉〈遊子的愁思——馬致遠〈天淨沙·秋思〉賞析〉，《國文天地》17卷10期，頁96。

[45] 參見陳滿銘《文章結構分析》，頁106。另依其於師大國文研究所「章法學研討」課程所講授之內容。

畫面，表面看起來是孤立的、靜止的，彼此之間似乎毫無關聯；僅僅通過這篇末點題，『斷腸人在天涯』，才告訴讀者：如上畫面乃是遊子眼中補捉到的，它們無一不牽動著遊子的心弦。」[46]這淒涼衰敗的景象，都是飄泊異鄉孤客所見，自然令其傷心斷腸，也自然牽動著讀者的情感，進而產生共鳴[47]。由此可知，作者在前半將九個景物織成一幅幅畫面，以蘊釀氣氛，而「人在天涯」「斷腸」之旨，則在篇末點明，使整首曲意脈絡貫通[48]。

二、說理勸勉類

選入國中國文教材的〈座右銘〉，是一篇主旨安置在篇末的勸勉類文章。

◎崔瑗〈座右銘〉

課文

無道人之短，無說己之長。施人慎勿念，受施慎勿忘。世譽不足慕，唯仁為紀綱。隱心而後動，謗議庸何傷。無使名過實，守愚聖所臧。在涅貴不緇，曖曖內含光。柔弱生之徒，老氏誡剛強。行行鄙夫志，悠悠故難量。慎言節飲食。知足勝不祥。行之苟有恆，久久自芬

---

[46] 見黃克〈小令中的天籟──〈天淨沙〉〉，《國文天地》4卷10期，頁77。

[47] 參見王熙元《詩詞評析與教學》，頁220。

[48] 參見拙作〈論辭章內容結構之單一類型──以其所適用的章法為考察重心〉，《修辭論叢（第四輯）》，頁680。

芳。

說明

　　崔瑗，字子玉，後漢安平人。《後漢書》載：「瑗兄章為州人所殺，瑗手刃報仇，因亡命。會赦，歸家。」[49]崔瑗少時因兄長崔章為人所殺，在替哥哥報仇後，闖下大禍，從此亡命在外，後幸逢大赦，始得回歸故里。據說這一篇〈座右銘〉便是在還家後，痛定思痛所作，以用來警惕策勵自己努力修養，以成為一個有德的君子[50]。

　　銘文先由各個角度立論，條分出日常做人處事的準則，文末兩句則是針對前文作一總束，吳小平對其內容指出：「全文立論，從人與己的關係落筆，拈出社會生活中的一些常見的現象，諸如優點與缺點、施人與受施、贊譽與毀謗、名稱與實際、柔弱與剛強等等作為比較。」[51]而作者也就是透過這些比較性的內容，體現其思想觀念和行為準則。前半大致是各以四句為一章，第一個節段是由不道人短、不揚己優，和施與人勿念、受惠勿忘兩方面，論人我相處的態度；第二部分拈出「仁」字為根本法則，進而令自己看清世俗浮譽，不為他人毀謗傷害；第三個節段則是戒勉自己應該名副其實，不要被外在環境染污，但求充實內在，光芒內含；第四個節段發揮老子學說，強調柔弱勝於剛強的思想；「慎言」

---

[49] 見范曄《後漢書》卷五十二〈列傳〉第四十二。

[50] 參考部編版《國中國文教師手冊》第六冊，頁5。

[51] 見陳振鵬、章培恒主編《古文鑒賞辭典》，頁414。

兩句為第五部分，期許自己言語謹慎、飲食節制、凡事知足。而文章最後兩句，以行之有恆，必能成為品格高潔之人作一總收，可視為全文的核心理語所在。

三、為學處事類

這一類包括有〈為學一首示子姪〉和〈習慣說〉兩篇說明為學之道的文章。

(一)彭端淑〈為學一首示子姪〉

課文

天下事有難易乎？為之，則難者亦易矣；不為，則易者亦難矣。人之為學有難易乎？學之，則難者亦易矣；不學，則易者亦難矣。

吾資之昏，不逮人也；吾材之庸，不逮人也。旦旦而學之，久而不怠焉；迄乎成，而亦不知其昏與庸也。吾資之聰，倍人也；吾材之敏，倍人也。屏棄而不用，其昏與庸無以異也。然則昏庸聰敏之用，豈有常哉？

蜀之鄙有二僧，其一貧，其一富。貧者語於富者曰：「吾欲之南海，何如？」富者曰：「子何恃而往？」曰：「吾一瓶一缽足矣。」富者曰：「吾數年來欲買舟而下，猶未能也。子何恃而往？」越明年，貧者自南海還，以告富者，富者有慚色。西蜀之去南海，不知幾千里也；僧之富者不能至，而貧者至焉。人之立志，顧不如蜀鄙之僧哉？

是故聰與敏，可恃而不可恃也；自恃其聰與敏而不

> 學，自敗者也。昏與庸，可限而不可限也；不自限其昏
> 與庸而力學不倦，自立者也。

說明

　　彭端淑在乾隆二十六年（西元1761年）辭官返回四川，總執成都錦江書院，常著詩文勉勵學生用功學習，例如〈懊惱詞〉：「盛年嬾讀書，頭白方知悔。千卷列我前，浩瀚同滄海。寄語後來人，慎勿歌懊惱。」以自己少壯時期懶於讀書，以致望著浩瀚書海而悔恨不已的經驗，期勉後輩應把握時間。他諄諄勸學的態度，也充分顯現於〈為學一首示子姪〉的文章義旨中。

　　本文先就人為因素，論述天下事無難易，僅在為與不為，再提出人之為學，亦有著同樣的道理；其次再就先天因素，以資質的昏庸與聰敏，配合學而不怠、摒棄不用的態度，加強立志躬行，才能成功的論點。中段舉蜀鄙二僧為事例，敘述貧僧能堅定信念，克服萬難，而富僧卻遲未行動，而導致有成有敗的不同結果；後段再發議論，先承上述之故事，評論二僧並藉此提出人應立志，文末則論自恃聰敏而不學者必自敗，而不自限昏庸而力學不倦者，必能有所成。陳滿銘曾針對文末四句分析道：「用『昏與庸』四句，從正面指出人若不自限昏庸而力學不已，則必將步上成功大道，以點明主旨作收。」[52]因此，本文主旨在勸勉晚輩把握時間，立定志向，戮力以赴，必能在學業上有所成就，屬於主旨全

---

[52] 見陳滿銘《章法學新裁》，頁518。

顯並安置於篇末的類型。

(二)劉蓉〈習慣說〉

課文

　　蓉少時，讀書養晦堂之西偏一室。俛而讀，仰而思：思而弗得，輒起，繞室以旋。室有窪徑尺，浸淫日廣。每履之，足苦躓焉；既久而遂安之。

　　一日，父來室中，顧而笑曰：「一室之不治，何以天下國家為？」命童子取土平之。

　　後蓉履其地，蹴然以驚，如土忽隆起者；俯視地，坦然則既平矣。已而復然；又久而後安之。

　　噫！習之中人甚矣哉！足履平地，不與窪適也；及其久，而窪者若平。至使久而即乎其故，則反室焉而不寧。故君子之學貴慎始。

説明

　　本文出自劉蓉《養晦堂文集》。劉蓉不但在文章上有所成就，據《清史稿》記載，他在軍事方面也是剿平太平天國、回亂的功臣[53]。養晦堂是劉蓉的書齋名，位於湖南湘鄉，本文就是作者藉由在居室裡讀書所發生的一件小事，闡發為學的一番道理。

　　這篇文章的主旨在篇末，意在透過習慣對人的影響，領出「學貴慎始」的見解[54]。文章前半，先敘述自己讀書有繞

---

[53] 參見《清史稿》卷四百二十五〈列傳〉二百十二。

室思考的習慣，接著細說原來「室有窪」而「足苦躓」，久而久之卻習以為平，以及後來將窪窿填平，反而「蹴然以驚」，但卻又「久而安之」二事；文章後半，則從事件中推衍出議論，闡述「習之中人甚矣哉」的道理，並呼應著前文「室窪」與「地平」的兩軌內容，以說明習慣之重大影響，篇末則由習慣引伸至為學，歸結出一篇作意。宋廓在分析這篇文章時就說：「習慣成自然，這是一個很樸素的真理。由此推論，如何培養良好的習慣，乃是至關重要的。所以文章最後的結論是：『故君子之學，貴乎慎始』。」[55] 質言之，既然人易於長時間的反覆中，形成某種行為模式上的慣性，同樣的道理，讀書治學若不於開端就養成好的態度與習慣，那麼絕對是難以有所成績的，而這就是作者所要陳述的核心義旨。

四、頌揚類

在篇末呈現顯旨的課文中，僅魏學洢〈王叔遠核舟記〉為頌揚類的文章。

◎魏學洢〈王叔遠核舟記〉

 課文

明有奇巧人曰王叔遠，能以徑寸之木，為宮室、器

---

[54] 陳滿銘：「此文旨在說明習慣對人影響之大，藉以讓人體會『學貴慎始』的道理。」見《章法學新裁》，頁512。

[55] 見陳振鵬、章培恒主編《古文鑑賞辭典》，頁2004。

皿、人物，以至鳥獸、木石，罔不因勢象形，各具情態。嘗貽余核舟一，蓋大蘇泛赤壁云。

舟首尾長約八分有奇，高可二黍許。中軒敞者為艙，篛篷覆之。旁開小窗，左右各四，共八扇。啟窗而觀，雕欄相望焉。閉之，則右刻「山高月小，水落石出」，左刻「清風徐來，水波不興」，石青糁之。

船頭坐三人，中峨冠而多髯者為東坡，佛印居右，魯直居左。蘇黃共閱一手卷；東坡右手執卷端，左手撫魯直背；魯直左手執卷末，右手指卷，如有所語。東坡現右足，魯直現左足，身各微側；其兩膝相比者，各隱卷底衣褶中。佛印絕類彌勒，袒胸露乳，矯首昂視，神情與蘇黃不屬。臥右膝，詘右臂支船，而豎其左膝，左臂掛念珠倚之，珠可歷歷數也。

舟尾橫臥一楫。楫左右舟子各一人。居右者椎髻仰面，左手倚一衡木，右手攀右趾，若嘯呼狀。居左者右手執蒲葵扇，左手撫爐，爐上有壺，其人視端容寂，若聽茶聲然。

其船背稍夷，則題名其上，文曰「天啟壬戌秋日，虞山王毅叔遠甫刻」，細若蚊足，鉤畫了了，其色墨。又用篆章一，文曰「初平山人」，其色丹。

通計一舟：為人者五，為窗者八，為篛篷，為楫，為爐，為壺，為手卷，為念珠者各一；對聯、題名並篆文，為字共三十有四：而計其長，曾不盈寸，蓋簡桃核修狹者為之，噫！技亦靈怪矣哉！

說明

　　本文選自《魏子敬遺集》，這是記明代微雕藝術家王毅
（字叔遠），以東坡泛舟赤壁為題材，刻在一顆核桃上的文
章。明代在文玩器物上的藝術成就，極以精巧高妙著稱，其
中，「核雕」是微雕工藝的一種，它是以小小的果核作為雕
刻材料，透過各式題材，來表現無窮的天地。明代的核雕名
家除王叔遠外，尚有夏白眼、邱山、刑獻之等。所謂「人以
藝傳，藝以文著」[56]，王叔遠的作品雖未能留下實物，但也
因為魏學洢的這篇文章，使後人得以體會中國工藝家的超凡
技巧。

　　全文的義旨乃在讚揚王叔遠核雕技法之靈妙，同時，透
過對聯短句、人物形態，和極具特色的長舟風貌等，使讀者
有如與東坡、佛印等一行人，一齊進行一場心靈式的遊賞。
何永康賞析道：「本文敘寫和讚嘆的是巧奪天工的微雕藝
術，故行文清晰，條理井然，筆墨精工，猶如執放大鏡由整
體到局部、由局部到細部地對小小核舟做極其認真的檢視。
最後，『通計一舟』，連用九個『為』字，表面上是『算總
帳』，實際上流露了作者對這一微雕精品的真誠而熱烈的讚
嘆。」[57]他所謂由整體到局部，是指作者在第一段，就先大
略介紹王叔遠的奇巧手藝，以為開場之引子，然後再進入
「核舟」之主題；而寫核舟處，也是先點出「貽余核舟一」，

---

[56] 見部編版《國民中學國文教師手冊》第五冊，頁18。
[57] 見陳振鵬、章培恒主編《古文鑒賞辭典》，頁1727。

再巨細靡遺的詳記船身各部分；最後的「算總帳」，也就是將核舟所刻之內容及其尺寸做一個總括，可見這篇記十分有條理的呈現整個核雕作品，故為後人讚其清晰井然。文章最末，則是在親睹作品後，驚奇於王氏能在一顆小小核桃中表現如此細密之內容，而提出「技亦靈怪矣哉」的讚美，故主旨也就順理成章的擺在篇末。

貳、主旨顯中有隱

安置在篇末的主旨並具有「顯中有隱」之性質者，在詩歌課文方面，計有〈登鸛鵲樓〉、〈慈烏夜啼〉、〈題西林壁〉，散文則有〈愛蓮說〉、〈刻舟求劍〉等篇。其中又可依其表現主題分為「說理勸勉」、「為學處事」、「頌揚」三類。

一、說理勸勉類

表現這類義旨的課文，包括屬於說理類的〈題西林壁〉，和偏於勸勉類的〈登鸛鵲樓〉、〈愛蓮說〉。

(一)蘇軾〈題西林壁〉

> 橫看成嶺側成峰，遠近高低各不同。
> 不識廬山真面目，只緣身在此山中。

元豐七年（西元1084年），詩人登上廬山，將此詩題於

西林寺壁上，內容主要在記錄遊歷廬山的心得，詩中「借景明理，極富理趣」[58]。

詩的前兩句，以概括性的筆法，從各種不同的角度，勾勒廬山峰巒迭起的勝景，後二句由果溯因，抒發遊賞山景的體驗，即「無論是山色，還是山形，山外觀之則清楚，山內觀之則模糊」[59]，林東海在《古詩哲理》中，對末二句的顯旨分析說：「從不同的角度遠觀，便見各呈不同的姿態；身在廬山之中，便無法認清廬山峰巒的形貌。」此外，他也進一步針對主旨顯中有隱的部分談到：蘇軾或許未必有意說理，僅只寫出遊山、看山的體悟，但在這種切身的體驗中，本身就包含著人生哲理，也就是「陷於主觀的境地，就不容易看清問題」，而欲準確的認識人事物，就必須全面的從不同角度去觀察、理解，因為「身處其中，便不是『旁觀者清』，而成了『當局者迷』」[60]。所以，整首詩的顯旨在於抒發看山心得，也就是篇末議論的部分；隱旨則是將此道理由偏而全的推擴到人生萬事萬物，表達一種當局者迷的哲理。

(二)王之渙〈登鸛鵲樓〉

課文

> 白日依山盡，黃河入海流。
>
> 欲窮千里目，更上一層樓。

---

[58] 見喻朝剛、吳帆、周航編著《宋詩三百首譯析》，頁144。

[59] 見林東海《古詩哲理》，頁135。

[60] 參見林東海《古詩哲理》，頁135～139。

說明

　　王之渙，并州（今山西太原）人，為盛唐邊塞詩人，與
王昌齡、高適、岑參齊名，詩作多以邊塞題材為主，表現熱
情、積極的人生觀[61]。鸛鵲樓之故址在今山西永濟縣西南城
上，後為洪水沖毀，是唐代時的登臨勝地[62]，沈括《夢溪筆
談》即載：「河中府鸛雀樓三層，前瞻中條，下瞰大河。唐
人留詩者甚多，唯李益、王文渙、暢當三篇能狀其景。」[63]
〈登鸛鵲樓〉寫的就是詩人登樓後的所見所感。

　　詩的前兩句寫出登樓所見的壯闊山水，其中，又先以白
晃晃的日光漸沒於山，繪出景色的收斂之姿，接著再轉收為
縱，形容浩蕩的黃河奔流入海，全詩也在這一闔一開當中，
擴大整個畫面，並順勢將詩作引入下半抒發道理的部分。在
面對如此氣象萬千的勝景時，提出欲見到更遼闊的景色，就
必須再往高處爬，這兩句詩句不僅包含「登高望遠」的深刻
寓意[64]，還引發詩人更深的感觸，激出一個追求理想、進取
向上的人生境界，也就是說「詩人望盡了可看到的景色，於
是情不自禁產生積極的想法──如果能再登上一層樓，即可
望得更遠的哲理，推衍出更高的境界、更大的視野，使得詩
人內心的感受，非常生動地轉化為深刻的哲理。這種積極向

---

[61] 參見邱燮友註譯《新譯唐詩三百首》，頁331。
[62] 參見金性堯注《唐詩三百首新注》，頁306。
[63] 見沈括《夢溪筆談》卷第十五〈藝文〉二，頁5上。「文」字或為「之」字之誤。
[64] 參見馬美信、賀聖遂《中國古代詩歌欣賞辭典》，頁155。

上的意念即是主旨。」[65]可見後兩句說理的部分，正是主旨所在，而陳滿銘在《文章結構分析》中則是提出：「『欲窮千里目，更上一層樓』，在字面上，只是敘明登樓的現象，而實際上，卻藉以說明人生境界的提昇。」[66]故其主旨是為顯中有隱的類型。

(三)周敦頤〈愛蓮說〉

課文

　　水陸草木之花，可愛者甚蕃：晉陶淵明獨愛菊；自李唐來，世人盛愛牡丹。予獨愛蓮之出淤泥而不染，濯清漣而不妖；中通外直，不蔓不枝；香遠益清，亭亭淨植，可遠觀而不可褻玩焉。

　　予謂：菊，花之隱逸者也；牡丹，花之富貴者也；蓮，花之君子者也。噫！菊之愛，陶後鮮有聞。蓮之愛，同予者何人？牡丹之愛，宜乎眾矣！

說明

　　本文選自周敦頤《周濂溪集》，周敦頤是宋代著名的理學家，為人清廉方正，傲岸不阿，時人更贊為「胸懷灑落，如光風霽月」，林雲銘《古文析義》說：「濂溪得千聖不傳之緒，所作〈愛蓮說〉，實借題自寫其所學耳。」[67]所謂

---

[65] 見劉崇義〈兩首〈登鸛鵲樓〉詩之比較〉，《國文天地》8卷11期，頁106。

[66] 見陳滿銘《文章結構分析》，頁8。

[67] 見林雲銘《古文析義》卷六，頁326。

「文如其人」，這篇〈愛蓮說〉可說就是作者本身品格風貌的展現[68]。而朱熹則是在〈書說後〉中云：「〈愛蓮說〉一篇，濂溪先生之所作也。先生嘗以愛蓮名其居之堂，而為是說以刻焉。」[69]

　　起段先總述可愛的水陸草木之眾花，然後分別以略筆寫陪襯的菊和牡丹，再詳細的形容主角——蓮，將它與眾不同的清新特質表露無遺，為底下的定品與抒感，提出充分理由。二段進入議論內容，先就這三種花卉的特性，定出代表隱逸、富貴和象徵高潔君子的意象，再由花至人，對喜愛這三種花的人士提出看法。陳滿銘表示：「作者在這篇文章裡，主要的是寫蓮與愛蓮的自己，這是『主』的部分。為了使這『主』的部分更為突出，便又不得不寫牡丹、菊和愛菊、愛牡丹的人，這就是『賓』的部分。有了這『賓』的部分作陪襯，那麼作者愛蓮與諷喻的的意思——『主』便格外清楚了。」[70]點出此文運用賓主相襯以表達文章義旨的妙處。值得注意的是，結尾二句是經過作者刻意調動，其作用在引起讀者的注意，進而能對「愛蓮」之主題產生反思，並且委婉的寄託諷喻之意[71]，可見文末的「牡丹之愛，宜乎眾

---

[68] 參考顧漢松對〈愛蓮說〉一文的分析，見王國安主編《古代散文賞析》，頁208。

[69] 見張伯行編《宋周濂溪先生惇頤年譜》，頁1下。

[70] 見陳滿銘《章法學新裁》，頁91。

[71] 陳滿銘：「在論及人物的一節裡，卻將牡丹和蓮的次序加以對調，作者作了這樣的安排，顯然的，對當代人但知追求富貴，而缺少道德理想的情形，是有著貶責的意思的，不過在語氣上卻力求委婉罷了。」見《章法學新裁》，頁91。

矣」兩句，僅在加強前面的主旨句，所以，本文主旨即在
「蓮，花之君子者也」一句，屬安置篇末。就字面上的意義
而言，主旨句主要在帶出作者喜愛蓮花的心意，不過，它還
有深一層的意思，也就是在藉此文勸人力求品德修養，否定
營求富貴的心態，顧漢松說：「作者之所以獨愛蓮花，歸根
結蒂，是為了用來比喻人的品格。作者所提倡的，是君子得
堅貞氣節；作者所反對的，是世人追名逐利的庸俗行徑。」[72]
故其義旨為「顯中有隱」。

二、為學處事類

　　選自《呂氏春秋‧慎大覽‧察今》的〈刻舟求劍〉，是
在篇末顯中有隱的主旨中，寄寓處事道理的一篇短文。

◎《呂氏春秋‧察今》（刻舟求劍）

> 課文
>
> 　　楚人有涉江者，其劍自舟中墜於水，遽契其舟，
> 曰：「是吾劍之所從墜。」舟止，從其所契者入水求
> 之。舟已行矣，而劍不行。求劍若此，不亦惑乎！

說明　

　　《呂氏春秋》一書，為戰國秦相呂不韋集其門客所編
著，《漢書‧藝文志》依其思想內容將之歸於雜家。書中文
章多簡勁精悍，敘事說理都很生動，並吸取了很多神話傳說

---

[72] 見王國安主編《古代散文賞析》，頁210。

和歷史故事作為寓言，藉以表現道德教訓、諷喻世事、闡揚各家學說理論，可以說是為春秋戰國寓言，創造了一座「寓言大花園」[73]。

這篇寓言故事是先敘述楚人刻舟求劍之事，末尾再根據上文提出評論。敘事的部分先點出有一楚人過江，然後詳述他因劍墜江中，而在船舷邊刻作記號，並於船靠岸後，入水尋找的過程；議論的部分則寫因舟已移動，而劍仍留在墜河的原地，並藉此表達楚人如此的舉動，實在令人疑惑。故此文之顯旨是安置於篇末的議論，即對「刻舟求劍」一事，提出了「不亦惑乎」的看法，而隱旨乃在說明運用錯誤的方法，不但不能有效解決問題，也會使自己落至困窘的境地。

三、頌揚類

主旨顯中有隱，且安置於篇末的頌揚類課文，有白居易的〈慈烏夜啼〉一詩。

◎白居易〈慈烏夜啼〉

課文

慈烏失其母，啞啞吐哀音，晝夜不飛去，經年守故林。夜夜夜半啼，聞者為沾襟；聲中如告訴，未盡反哺心。百鳥豈無母，爾獨哀怨深？應是母慈重，使爾悲不任。昔有吳起者，母歿喪不臨。嗟哉斯徒輩，其心不如禽！慈烏復慈烏，鳥中之曾參。

---

[73] 參見吳秋林《中國寓言史》，頁122、127。

說明

　　據《白樂天年譜》記載，白居易於唐憲宗元和六年（西元811年），因為母親去世，而守制家居，這首詩就是他守母喪期間的作品，清汪立名即云：「按此詩當是元和辛卯居憂之作。」[74] 全詩主題在歌詠慈烏為「鳥中之曾參」，以諷喻人類應如慈烏之孝[75]。

　　作者在此是以慈烏和吳起，形成對比性的賓主照應。首段先從慈烏失母，導出其頻吐哀音的現象，並點出「哀」字總攝起下文「守故林」與「夜半啼」兩部分，以具寫其哀狀；後再透過問答筆法，說明慈烏之所以哀慟不已的原因。次段寫「賓」，以吳起逢母喪卻未盡人子之心，再由此發出嚴正的評議作為反襯。詩之末二句再由賓而主，從頌揚慈烏之孝心來收束全詩，這也是一篇要意所在，不過，此詩之主旨還有顯隱之分，其意在藉慈烏的念母夜啼，來勸喻世人奉行孝道，連文萍就指出：這首詩「以慈烏孝親和吳起棄親不顧為對比，引出議論，並經由對慈烏的頌揚，暗示出本詩呼籲世人重視孝道，而孝親需及時的真正意旨。」[76] 故篇末讚揚慈烏的部分是顯旨，而藉此勸喻世人及時行孝者，則為隱旨。

[74] 參見羅聯添《白樂天年譜》，頁105～110。

[75] 見王熙元《詩詞評析與教學》，頁229。

[76] 見連文萍〈啞啞思侵曲‧苦苦勸世歌──白居易〈慈烏夜啼〉賞析〉，《國文天地》5卷5期，頁93。

第四節　主旨安置於篇外

　　若辭章家在篇內僅透過外圍的事材、物材來敘事或寫景，則其核心情理即隱於篇外，也因為主旨全隱，故會使得辭章作品獲致含蓄的美感。而在運用上，又可依「單一類型」及「複合類型」加以分述。

壹、單一類型

　　「單一類型」是僅利用寫景或僅透過敘事成篇者，在詩歌課文裡有「單景」與「單事」兩種類型，前者有：〈江雪〉、〈江南〉、〈敕勒歌〉，後者有：〈雜詩〉、〈木蘭詩〉兩首。在古典散文的課文中，則只出現全篇敘事者，包括〈張釋之執法〉、〈良馬對〉、〈文天祥從容就義〉，寓言〈愚公移山〉，《世說新語》中的〈陶公少時作魚梁吏〉、〈華歆王朗俱乘船〉，《山海經》之〈精衛填海〉，《戰國策》的〈鷸蚌相爭〉，以及〈賣油翁〉等多篇。

一、抒情類

　　依主題而言，抒情類課文包括抒寫「喜樂之情」的〈江南〉、「思鄉之情」的〈雜詩〉、「其他類」的〈敕勒歌〉。

(一)樂府〈江南〉

課文

> 江南可採蓮，蓮葉何田田。魚戲蓮葉間，魚戲蓮葉東，魚戲蓮葉西，魚戲蓮葉南，魚戲蓮葉北。

說明

　　〈江南〉屬於樂府相和歌辭中的「相和曲」，葉楚傖《樂府詩選》引《樂府廣序》說：「《樂府解題》曰：〈江南〉，古辭。蓋美芳辰麗景，嬉遊得時也。范驥曰：江南曲三句外，多不用韻，是古樂府一唱三歎之遺。」[77]可見這是一首樂府古辭，因嬉遊於芳辰麗景而作。南朝的樂府民歌，一向獨具溫柔秀麗的風格[78]，〈江南〉就是一首從描寫江南風物，表現南方人愉悅氛圍的樂府。

　　這篇純粹寫景的小詩，首句點出江南以為引子，二句先以田田蓮葉渲染出背景，再仿《詩經》復杳吟詠的方式，齊整的由方位的轉換，凸出魚兒悠游葉間的焦點。江寶釵表示，整首詩作勾勒出緞匹似的蓮塘、山水間畫上去的小舟、輕波晃漾裡搖曳著吳儂情語，魚兒交喋，活潑輕巧，那是柔美的構圖，純粹江南的水土[79]，是南方特有的情調。雖然內容未提及人物，但透過生動的蓮塘景致，彷彿見到了划著船

---

[77] 見葉楚傖主編《樂府詩選》，頁24。

[78] 參見王熙元《詩詞評析與教學》，頁98。

[79] 見江寶釵〈從史詩角度讀〈木蘭詩〉——兼談南北樂府詩之情調差異〉，《國文天地》6卷3期，頁86。

開心採蓮的人們，尤其在層疊的荷葉間游動的魚兒，看似畫面主角，「實際上，意在襯托採蓮少女們的活潑可愛及愉快的心情」[80]，是故，此篇在內容結構上，屬於「單景類型」，而主旨──採蓮人的歡樂，則是藏在篇外。

(二)王維〈雜詩〉

課文

> 君自故鄉來，應知故鄉事。
> 來日綺窗前，寒梅著花未？

說明

〈雜詩〉全篇以敘事為主，而將懷念故鄉的情感隱於篇外，王文濡即評註道：「即此尋常通問，而遊子思鄉之念，昭然若揭。」[81]邱燮友亦謂：「這是一首雜感的詩，用詢問的口吻，道出懷鄉之情，用詞精鍊，而有言外之音。」[82]作者因對方來自於自己的故鄉，而猜測他應該了解家鄉情形，在泛泛的提出他的推斷後，選以寒梅開否一事，以部分代全體，具體的詢問「故鄉事」。而此「單事」類型的內容，可說完全鎖定在「問」的一面，黃永武引章燮說法云：「通首都是所問口吻。」並解析其特色道：「全詩的剪裁很別緻，只有問，迫不及待地等待回答，但在未獲回答時，詩已經結

---

[80] 見馬美信、賀聖遂主編《中國古代詩歌欣賞辭典》，頁42。

[81] 見王文濡《唐詩評註讀本》卷三，頁2下。

[82] 見邱燮友註譯《新譯唐詩三百首》，頁325。

束了。趙松谷說：欲於此下復贅一語不得。如果在下面再贅加一些答話，全詩急遽狂喜的神情就不見了。」[83]未待回答即作結，確實造成了詩歌深長的意趣，而全詩正是以此欣見並急問彼方的心情和表現，透過篇內敘寫牽繫故鄉狀況的事、物材，自然的浮現一股思鄉之情。

(三)樂府〈敕勒歌〉

> 敕勒川，陰山下，天似穹廬，籠蓋四野。天蒼蒼，野茫茫，風吹草低見牛羊。

說明

〈敕勒歌〉在《樂府詩集》中列於「雜歌謠辭」，時代為北齊，《樂府廣題》曾記載：「北齊神武攻周玉壁，士卒死者十四五，神武恚憤疾發，周王下令曰：高歡鼠子，親犯玉壁，劍弩一發，原凶自斃。神武聞之，勉坐以安士眾，悉引諸貴，使斛律金唱〈敕勒〉，神武自和之。」[84]這首北朝民歌描繪了蒼茫遼闊的北地景致，若《樂府廣題》所載屬實，則此詩充滿生命力的內容和豪邁的氣勢，在當時是用以振奮軍容的。「敕勒」是當時北方的一支少數民族，活動範圍在今內蒙大草原一帶，據考它就是古維吾爾族，原詩當也是以敕勒語寫成。

---

[83] 見黃永武《中國詩學——鑑賞篇》，頁146。
[84] 見葉楚傖主編《樂府詩選》，頁217。

　　「敕勒川」二句，先為全詩下一個時空落足點，接著，整個空間又隨之推擴出去，潑出蒼闊如穹廬的天空，和茫茫無際的原野，末句則藉草原上的牛羊，將畫面聚焦，顯露一派自然生機。江寶釵說：「詩勾勒的是塞外的白山黑水，山是崔巍的，水是豪闊的，彷彿粗纜大船間繚繞著高亢激揚的胡言燕語。山水間的曠野，草色直跨入天際，隨時而颯颯吹來的風掩湧波瀾，浮現了牛羊恬適吃草的影像，由靜入動，不著痕跡，是詩歌藝術的極致。」[85]而整首凝煉的小詩，也就是從北方天寬地闊的景色，在篇外帶出北方人豪放雄邁的氣概。賀聖遂分析道：「詩沒有寫人，但人們不會不意識到遍佈草原的牛羊的主人——勇敢豪爽的敕勒族人民。」這首北朝民歌的意境美，不僅來自大自然的壯闊，更來自牧民豪邁寬廣的胸懷，和對生長的土地所展現的熱情[86]。

二、說理勸勉類

　　說理勸勉類有兩篇，分別是岳飛的〈良馬對〉和歐陽脩的〈賣油翁〉。

㈠岳飛〈良馬對〉

課文

　　帝問岳飛曰：「卿得良馬否？」

---

[85] 見江寶釵〈從史詩角度讀〈木蘭詩〉——兼談南北樂府詩之情調差異〉，《國文天地》6卷3期，頁86。
[86] 見馬美信、賀聖遂主編《中國古代詩歌欣賞辭典》，頁124～125。

對曰：「臣有二馬，日啗芻豆數斗，飲泉一斛，然非精潔即不受；介而馳，初不甚疾，比行百里，始奮迅，自午至酉，猶可二百里，褫鞍甲而不息不汗，若無事然。此其受大而不苟取，力裕而不求逞，致遠之材也。不幸相繼以死。今所乘者，日不過數升，而秣不擇粟，飲不擇泉，攬轡未安，踴躍疾驅，甫百里，力竭汗喘，殆欲斃然。此其寡取易盈，好逞易窮，駑鈍之材也。」

帝稱善。

說明

徽、欽二宗時，宰相蔡京專權，國勢內憂外患不斷，遼、金頻頻南下攻宋，甚至發生「靖康之難」，岳飛雖有滿腔熱血，卻難於一味主和懼戰的政治局勢中發揮作用。高宗時，岳飛先後受張所、宗澤重用，抗金有功，百戰百勝，但在紹興四年，雖率軍北伐收復了大片失土，卻又因宰相秦檜暗中作梗，被迫撤軍，後為高宗賜死。由此背景看來，岳飛的這一篇文章，除了藉以暗諷高宗應識賢用賢外，實亦反映了深藏在這位民族英雄內心的身世之感與家國之痛。

本文主要在記載高宗與岳飛的一段對話，屬「單事」類型。作者先以高宗對岳飛提出「得良馬否」之問句展開，接著，岳飛即針對良馬與劣馬，作正反對比，是文章中心所在，他從食量、性情、能力等層面，指出良馬「受大而不苟取，力裕而不求逞」，劣馬「寡取易盈，好逞易窮」，所以一為「致遠之材」，另一卻僅是「駑鈍之材」。最後，以「帝稱

「善」結束全篇。然而，這種中間完全不雜以議論的筆法，則需靠讀者於篇外體會其言外之意，陳滿銘強調：「岳飛是藉此以諷喻高宗要識拔賢才、重用賢才、信任賢才、珍惜賢才的。這種諷喻的意思，盡在言外，很容易讓人聽得進去。」[87]可見在岳飛的答話中，良馬和劣馬的差別，正對應於賢才與庸才之比況，而作者所欲表現的中心義旨，在於暗示朝廷中的賢能之才，就如同良馬「非精潔即不受」，需要在上位者的賞識和信任，以使其才華能完全發揮，此「重才」之主旨，雖是安置在篇外，卻是不難了解的。

(二)歐陽脩〈賣油翁〉

課文

陳康肅公善射，當世無雙，公亦以此自矜。

嘗射於家圃，有賣油翁釋擔而立，睨之，久而不去，見其發矢十中八九，但微頷之。

康肅問曰：「汝亦知射乎？吾射不亦精乎？」翁曰：「無他，但手熟爾。」康肅忿然曰：「爾安敢輕吾射！」翁曰：「以我酌油知之。」乃取一葫蘆置於地，以錢覆其口，徐以杓酌油瀝之，自錢孔入，而錢不濕。因曰：「我亦無他，惟手熟爾。」康肅笑而遣之。

說明

〈賣油翁〉取自《歸田錄》卷一，這是一部筆記式著

---

[87] 見陳滿銘《章法學新裁》，頁248。

作，寫於治平四年（西元1067年），〈序〉云：「《歸田錄》者，朝廷之遺事，史官之所不記，與士大夫笑談之餘而可錄者錄之，以備閑居之覽也。」即概括了全書的內容，書中共收有一百一十五則隨筆，無論敘事或議論，都寄寓著深刻的內涵。

歐陽脩在這篇文章中，藉故事以寓道理，說明任何技藝能有所成就，惟熟能生巧所致，故不必以此自矜。文中先說陳堯咨因「善射」故「自矜」，作為故事的引子，隨後再依事件發展之先後鋪開內容。此部分是先寫賣油翁立而觀射，並以「睨之」和「微頷」暗點其不以為然的態度，再由因及果的透過問答，點出「手熟」二字；接著繼續透過兩個人物的對話，和賣油翁精湛的瀝油技巧，再次強調「手熟」以隱伏「不自矜」意，末句以堯咨「笑而遣之」收束整個事件。林景亮在《評註古文讀本》裡，就其篇法謂：「是篇以戒矜作柱，前路寫矜字，後路寫不必矜。起數語從善射敘入，是為敘事兼問難法。是文亦為辨體，其在陳堯咨一面，語皆作傲然口吻；在賣油翁一面，語皆作冷雋口吻，二者遂生奇趣。」[88] 由此可見，作者在文章中單用敘事，並且巧妙的從問答中，生動的刻劃出兩個對比性角色，而將「戒矜」的人生態度寓於篇外。

三、為學處事類

為學處事類共有〈張釋之執法〉、〈愚公移山〉、〈華歆

---

[88] 見林景亮《評註古文讀本》，頁21。

王朗俱乘船〉、〈精衛填海〉、〈鷸蚌相爭〉等篇。

(一)司馬遷〈張釋之執法〉

課文

　　釋之為廷尉。上行出中渭橋，有一人從橋下走出，乘輿馬驚。於是使騎捕，屬之廷尉。

　　釋之治問。曰：「縣人來，聞蹕，匿橋下。久之，以為行已過，即出，見乘輿車騎即走耳。」廷尉奏當，一人犯蹕，當罰金。

　　文帝怒曰：「此人親驚吾馬；吾馬賴柔和，令他馬，固不敗傷我乎？而廷尉乃當之罰金！」

　　釋之曰：「法者，天子所與天下公共也。今法如此而更重之，是法不信於民也。且方其時，上使立誅之則已。今既下廷尉，廷尉，天下之平也，一傾而天下用法皆為輕重，民安所錯其手足？唯陛下察之。」

　　良久，上曰：「廷尉當是也。」

說明

　　本文是從《史記・張釋之馮唐列傳》中節選而出。張釋之，漢堵陽人，文景時，拜中郎將、廷尉、淮南王相，天下稱之。他有著淵博的學識，和剛正不阿、嚴守法理的精神，《史記》裡就記載了許多張釋之不惜與文帝直言抗辯的故事段落[89]。

---

[89] 參見《史記》卷一百二〈張釋之馮唐列傳〉第四十二；及南一版《國中國文》第三冊，頁163。

本課是一篇以敘事為主的作品，而文章的核心情理則是擺在篇外的。全文是以事件發生的先後為條理，記敘張釋之能依法作公正的判決，凸顯出鞏固法理，對於維護社會秩序的重要。起首先點出張釋之的身份，和某人犯蹕被捕來開場，再寫釋之依其審問與民眾之答辯，而作出公正懲處，由因及果的交代整個判決過程；接著，在中段寫漢文帝怒責判罪過輕的反應，轉而掀起文章的波瀾，然而釋之卻能在盛怒的帝王面前，剛正從容的提出嚴正解釋，拈明「法者，天子所與天下公共也」的道理，他提出不能因在上位者的一時好惡，而加重原來的刑責，如此必使人民「無所錯其手足」，並將引來嚴重的後果；最後，以「良久」二字為過渡，寫文帝在經過深思熟慮後，同意了廷尉的判決和觀念。透過整個事件的客觀陳述，作者不但寄寓了尊重法律的道理，也讓人體會到張釋之的公正態度。

(二)列子〈愚公移山〉

課文

太形、王屋二山，方七百里，高萬仞，本在冀州之南、河陽之北。北山愚公者，年且九十，面山而居，懲山北之塞，出入之迂也，聚室而謀曰：「吾與汝畢力平險，指通豫南，達于漢陰，可乎？」雜然相許。

其妻獻疑曰：「以君之力，曾不能損魁父之丘，如太形、王屋何？且焉置土石？」雜曰：「投諸渤海之尾、隱土之北。」遂率子孫荷擔者三夫，叩石墾壤，箕畚運於渤海之尾。鄰人京城氏之孀妻有遺男，始齔，跳

往助之；寒暑易節，始一反焉。

　　河曲智叟笑而止之曰：「甚矣，汝之不慧！以殘年餘力，曾不能毀山之一毛，其如土石何？」北山愚公長息曰：「汝心之固，固不可徹，曾不若孀妻弱子。雖我之死，有子存焉；子又生孫，孫又生子；子又有子，子又有孫；子子孫孫，無窮匱也；而山不加增，何苦而不平？」河曲智叟亡以應。

　　操蛇之神聞之，懼其不已也，告之於帝。帝感其誠，命夸蛾氏二子負二山，一厝朔東，一厝雍南。自此冀之南，漢之陰，無隴斷焉。

說明

　　這篇寓言選自《列子・湯問》，《列子》一書含有許多豐富的寓言，一般多具有篇幅較長、情節較完整、形象鮮明等特色，並且有較多表現各種理想境界的故事，可以說是一種「理想主義」寓言，像〈愚公移山〉即在描述人們一種不屈的內在精神[90]。

　　文章是透過層層的因果邏輯來敘事，共可大別為四個段落，前三段由立志，寫到自助與人助，是「因」，最後一段是「果」，記天神感其精神而助其完成移山願望。細部來講，作者先說明愚公因太行、王屋兩座山，阻擋了南來北往的交通，所以和家人聚會謀劃，決定靠人力鏟平兩座山，以上是寫「有志」；然後先就反面，記載其妻的提問，再就正

---

[90] 參見吳秋林《中國寓言史》，頁88～100。

面，敘述愚公與家人隨即展開行動，以上則是寫「自助」；自二段末尾的「鄰人」起，至三段結束處，也是透過正反對照，先寫鄰居的幫助，再記敘智叟的嘲諷與對話，以上是「他助」的部分；最後則載神明因聞而感其誠，故出手相助，終使阻礙交通的障礙給移走，以上屬「天助」與「竟成」之內容。陳滿銘說明道：「這是我國著名的一則寓言故事，這則故事裡，作者寄寓了『人助天助』、『有志竟成』的道理於篇外，是非常耐人玩味的。……作者就這樣用一個簡單的故事，使人在趣味盎然中領悟出見於篇外的做人、做事的道理和天人間的密切關係。」[91]簡言之，此文是寫因為「有志」，故「竟成」；因為「人助」（包括「己助」和「他助」），而得到「天助」，這種做人處事的道理，則是藉著故事，隱於篇外的。

(三)《世說新語・德行第一》（華歆王朗俱乘船）

課文

　　華歆、王朗俱乘船避難，有一人欲依附，歆輒難之。朗曰：「幸尚寬，何為不可？」後賊追至，王欲舍所攜人。歆曰：「本所以疑，正為此耳。既已納其自托，寧可以急相棄邪？」遂攜拯如初。世以此定華、王之優劣。

---

[91] 見陳滿銘《章法學新裁》，頁491～492。

說明

　　華歆，字子魚，三國平原（今山東禹城縣）人，舉孝廉，累官尚書郎，魏時，任司徒，封博平侯。王朗，字景興，三國東海（今山東郯城縣）人，東漢末，任會稽太守，魏文帝時，官至司空，明帝即位，轉司徒[92]。本文以記載華歆、王朗於逃難途中所發生的事件為主，並藉此表明處事應衡量能力，謹慎決定，主旨為安置於篇外之類。

　　作者先以兩人「俱乘船避難」點出事件始末，再寫有人欲依附，華歆面有難色，而王朗卻不假思索的答應，其次記賊兵追至，王朗竟想捨棄此人，而遭華歆一番告誡，最後才一如初衷的同往避難，文章末句則是由因至果的以後人定其優劣作收。《新譯世說新語》即對這則故事的作意提出：「世人往往逞一時之快意而行事，不量己力，等到面臨窘境，方才想要改變初衷，但已落得不義的惡名。」[93]因此，華歆的表現並非不願伸出援手，而是能對所面臨的情況做審慎的考量，並且在王朗想要拋棄對方時，也能秉持有始有終的態度。

㈣《山海經・北山經》（精衛填海）

課文

　　又北二百里，曰發鳩之山，其上多柘木。有鳥焉，

---

[92] 參見張撝之譯注《世說新語譯注》，頁8～9；及劉正浩等注譯《新譯世說新語》，頁8～9。

[93] 見劉正浩等注譯《新譯世說新語》，頁10。

> 其狀如烏，文首，白喙，赤足，名曰精衛，其鳴白詨。是炎帝之少女名曰女娃。女娃游于東海，溺而不返，故為精衛，常銜西山之木石，以堙于東海。

說明

　　〈精衛填海〉選自《山海經‧北山經》，是一篇完全敘事而不加評論的神話故事。作者在前四句先透過發鳩山與茂盛樹林，為主角——精衛鳥渲染出時空背景，接著，文章緊扣「有鳥焉」而來，依次以「其狀如烏」四句，形容牠的外形；「名曰精衛」句，說明其稱號；以「其鳴白詨」句，摹寫精衛鳥的啼聲，具體呈現其外在形象。從「是炎帝之少女」直至篇末，則是偏向較內在的精神層面來寫，敘明炎帝之女「女娃」，因溺於東海，而成為常銜木石欲填東海的「精衛」。一般說來，先人所創造的神話，都會有隱藏於故事之內的深層意義，如此篇就是藉著精衛不畏艱難，亦不問能否成功，只一意勇往直前的力量，傳達一種鍥而不捨的精神與堅定的意志，也反映和寄託了先民不畏大自然的勇氣，可以說，精衛填海的故事，就是一種堅毅精神與悲壯美感的象徵，陶淵明的〈讀山海經〉：「精衛銜微木，將以填滄海」名句，即源於此[94]。

---

[94] 參見袁珂《中國古代神話》，頁42～43；及李鳳枝〈文學的神話仙鄉——山海經〉，刊於《建中學報》第三期。

（五）《戰國策·燕二》（鷸蚌相爭）

課文

　　蚌方出曝，而鷸啄其肉，蚌合而拑其喙。鷸曰：
「今日不雨，明日不雨，即有死蚌！」蚌亦謂鷸曰：
「今日不出，明日不出，即有死鷸！」兩者不肯相舍，
漁者得而并禽之。

說明

　　《戰國策》是一部國別史書，內容主要是遊說之士的策
謀和史臣的記載，所記的策士說辭，常引用生動的寓言來幫
助說理。吳秋林表示，《戰國策》中的寓言，往往是一些遊
說之士在外交場合的即興創作，也有部分來自民間故事和歷
史故事，這些寓言在經過長期的流傳與應用後，大多言簡意
賅、風趣活潑，富於機敏與智慧[95]。本則寓言乃源於趙將伐
燕，蘇代為勸阻趙國的攻伐而設喻，他隨著故事的寓意，提
出「趙且伐燕，燕趙久相支，以弊大眾，臣恐強秦之為漁父
也」，順利的解除兩國征戰的危機。

　　若鎖定寓言的部分來看，此屬全篇僅呈現故事，而未加
評論者，為「單事」類型，總體來說，其內容是以鷸蚌互不
相讓為「因」，導致漁翁得其利之「果」，將一篇故事清楚呈
現。其中，在交代原因的節段裡，作者是先寫蚌張殼曬日，
遭鷸鳥伸嘴欲啄其肉，故合起蚌殼夾住鷸嘴；其次以兩者之

---

[95] 參見吳秋林《中國寓言史》，頁128。

對話，顯露雙方劍拔弩張的態勢，最後再敘寫「兩者不肯相捨」的結果。吳秋林說：「這則寓言是那則最著名的成語『鷸蚌相爭，漁人得利』的源頭。這是一個根源於生活的深刻教訓，經過寓言的總結，推及社會生活，就有了非凡的意義。」[96] 他提出將一個根源於生活的故事，提煉出哲理，即會產生非凡的意義，本篇寓言正是藉著一則簡單的動物寓言，由「偏」走向「全」，擴及人生諸事，闡發雙方若互相爭強，不肯相讓，那麼最終必令第三者獲得利益，然而，此意義又必須靠讀者透過故事於篇外體會，此即單事類型而將主旨隱於篇外的例子。

四、頌揚類

主旨安置於篇外的頌揚類課文，有〈江雪〉和〈木蘭詩〉兩篇詩歌，和〈文天祥從容就義〉、《世說新語·賢媛第十九》（陶公少時）兩篇散文。

(一)柳宗元〈江雪〉

課文

> 千山鳥飛絕，萬徑人蹤滅。
> 孤舟簑笠翁，獨釣寒江雪。

說明

柳宗元，字子厚，唐河東（今山西永濟）人，憲宗永貞

---

[96] 見吳秋林《中國寓言史》，頁132。

元年（西元805年），因坐王叔文黨，貶謫永州（今湖南省
零陵縣）司馬，後徙柳州刺史。〈江雪〉是他謫居永州時的
作品，王曉昀指出：「這首詩是柳宗元於公元八零五年從中
央長官被貶為永州（今湖南零陵）地方官之後寫成的，抒發
了他這一時期的特殊感受。」[97]柳宗元在流放於永州的十年
歲月中，雖然遭受殘酷的政治迫害，過著貧困艱苦的生活，
但卻也是他詩文創作最活躍的時期，這首傳唱千古的五言
詩，就體現了詩人不與世俗同流合污的獨峭形象。

　　這首詩在內容結構上是「單景」類型。首句就高處寫群
山，及失去蹤跡的飛鳥，次句就低處寫無人行經的路徑，刻
畫出廣袤淒清的大環境，三、四兩句，則呈現孤舟上獨自垂
釣的主人翁，可見整個畫面的視覺焦點，正由遠山到野徑，
再凝聚至小船，最後集中在垂釣老翁上。其中的「孤」字與
「獨」字，再加上前半所謂「鳥飛絕」與「人蹤滅」，更渲染
了全詩獨絕的意象。仇小屏對其空間美感的設計，和營造出
來的特殊意象提出：前兩句的大空間起著烘托作用，使後兩
句的獨釣身影，產生極大的聚焦效果，令一種孤絕感與高潔
幽獨之意，盡在不言中[98]。而李元洛在《歌鼓湘靈》中，還
作了深一層的分析，他說：「如果三四兩句中的『孤』字和
『獨』字，正面點染出表面是簑笠翁而實際上是詩人自己的
孤獨形象，那麼前面的環境描寫，就起著襯托他那不與世同

---

[97] 見馬美信、賀聖遂主編《中國古代詩歌欣賞辭典》，頁323。
[98] 參見仇小屏〈論「圖底」章法的空間結構〉，刊於《國文天地》17
　　卷5期，頁100～101。

流合污的風姿的作用了。」[99] 所以詩人是藉由傲然獨立的簑笠翁，來為貶謫於永州的自己，作一比況，然而，這股高潔幽獨之意，就隱隱藏於篇外了。

(二)樂府〈木蘭詩〉

課文

　　唧唧復唧唧，木蘭當戶織。不聞機杼聲，唯聞女歎息。問女何所思，問女何所憶，女亦無所思，女亦無所憶。昨夜見軍帖，可汗大點兵。軍書十二卷，卷卷有爺名。阿爺無大兒，木蘭無長兄。願為市鞍馬，從此替爺征。東市買駿馬，西市買鞍韉，南市買轡頭，北市買長鞭。旦辭爺孃去，暮宿黃河邊。不聞爺孃喚女聲，但聞黃河流水鳴濺濺。旦辭黃河去，暮至黑山頭。不聞爺孃喚女聲，但聞燕山胡騎鳴啾啾。萬里赴戎機，關山度若飛。朔氣傳金柝，寒光照鐵衣，將軍百戰死，壯士十年歸。歸來見天子，天子坐明堂。策勳十二轉，賞賜百千強。可汗問所欲，「木蘭不用尚書郎，願馳千里足，送兒還故鄉。」爺孃聞女來，出郭相扶將。阿姊聞妹來，當戶理紅妝。小弟聞姊來，磨刀霍霍向豬羊。開我東閣門，坐我西間床。脫我戰時袍，著我舊時裳。當窗理雲鬢，挂鏡貼花黃。出門看火伴，火伴皆驚惶。「同行十二年，不知木蘭是女郎」。雄兔腳撲朔，雌兔眼迷離。雙兔傍地走，安能辨我是雄雌。

---

[99] 見李元洛《歌鼓湘靈》，頁173。

說明

〈木蘭詩〉為郭茂倩《樂府詩集》編入橫吹曲辭中的「梁鼓角橫吹曲」，是一首流行於北方的民間敘事詩。關於它的寫作緣由，《樂府詩選》引程大昌言，曰：「樂府有木蘭，乃女子代父征戍十年而歸，不受爵賞，人為作詩。」[100]詩旨主要在歌詠一尋常女子因孝心而寫下的不凡事蹟[101]，其作法則是依時間先後，由木蘭出征、作戰、到歸家的順敘法來表現。

首段以敘述木蘭代父從軍的緣由為引子，主體的部分則是先由「東市買駿馬」至「但聞燕山胡騎聲啾啾」，描述木蘭出征前忙碌的準備工作，及征途上的所見所想，把乍離故鄉、思念親人及對征戰生活的未知，交織成一種複雜的情感。「萬里」底下六句，泛寫木蘭十年來的征戰生活，簡要的道盡戰地之遠、征途之艱、戰事之激，以及十年後才得勝還鄉之過程。接著，再寫木蘭十年征戰歸來、入朝見天子及拒賞盼歸的情形。最後則敘述木蘭回鄉後，全家歡欣熱鬧的場面，及其恢復女兒身的喜悅心情。作者成功的處理勝利歸來與久別重逢等不同的情感，強化了木蘭慨然從軍、衛國保家的主題。末段是一個尾聲，詩中以兔為喻，再次表達對木蘭的英勇與智慧由衷的佩服，全詩也在這頗具趣味的比喻中結束。江寶釵從史詩（epic）角度提出：「〈木蘭辭〉採用

---

[100] 見葉楚傖主編《樂府詩選》，頁20。
[101] 見陳滿銘《文章結構分析》，頁69。

敘事（narrative）的方式，記錄一個巾幗英雄（heroine）的事蹟，主題是她的孝思。」[102] 足見這篇單事類型的詩作，是將其主旨——歌頌木蘭的高尚品德，透過故事的敘述，隱於篇外的。

(三)胡廣〈文天祥從容就義〉

課文

　　初八日，召天祥至殿中。長揖不拜。左右強之，堅立不為動。極言宋無不道之君，無可弔之民；不幸母老子弱，權臣誤國，用舍失宜，北朝用其叛將、叛臣，入其國都，毀其宗社。天祥相宋於再造之時，宋亡矣，天祥當速死，不當久生。

　　上使諭之曰：「汝以事宋者事我，即以汝為中書宰相。」天祥曰：「天祥為宋狀元宰相，宋亡，惟可死，不可生，願一死足矣。」又使諭之曰：「汝不為宰相，則為樞密。」天祥對曰：「一死之外，無可為者。」遂命之退。

　　明日有奏：「天祥不願歸附，當賜之死。」麥朮丁力贊其決，遂可其奏。

　　天祥將出獄，即為絕筆自贊，繫之衣帶間。其詞曰：「孔曰成仁，孟云取義；惟其義盡，所以仁至。讀聖賢書，所學何事？而今而後，庶幾無愧！」過市，意

---

[102] 見江寶釵〈從史詩角度讀〈木蘭詩〉——兼談南北樂府詩之情調差異〉，《國文天地》6卷3期，頁87。

> 氣揚揚自若，觀者如堵。臨刑，從容謂吏曰：「吾事畢
> 矣。」問市人孰為南北，南面再拜就死。俄有使使止
> 之，至則死矣。見聞者無不流涕。

說明

　　宋端宗祥興元年（西元1278年），元軍大舉南攻，文天
祥遭張弘範突圍致兵敗被俘，元世祖至元十九年（西元
1282年）十二月初八，元世祖曾親自招降，但天祥乃對
曰：「願賜之一死足矣。」故知其終不屈，次日從容就義[103]。
本文節選自胡廣〈丞相傳〉，他在文末附記了寫作此文的緣
由，謂：恆病《宋史・文丞相傳》，簡略失實，又，劉岳申
所著〈丞相傳〉，因去丞相未遠，所記事蹟覈實可徵，乃並
取二傳，參互考訂，復取證於《丞相文集》，以求全備，使
人無惑[104]。

　　全文以順敘之方式，記錄文天祥從容赴刑、成仁取義之
事蹟，以讚揚其忠君愛國的情操。由於篇內僅呈現事材，故
歌頌忠義之士的主旨是安置於篇外的。文章起頭先寫元世祖
召令文天祥至殿中，但天祥僅拱手行禮而不跪拜之表現，然
後分就宋朝內部的狀況和北朝入侵的行動，來敘明原因，表
現其愛國而不屈服的決心。中段強調天祥但求一死，也不願
接受元朝的兩度利誘，然後再交代他因不願歸順而被處死的
結果。末段則是由出獄受刑、押經市集、臨刑前和使者趕抵

---

[103] 參見《新校本宋史》卷四百一十八〈列傳〉第一百七十七。

[104] 參見胡廣〈丞相傳〉，收於李安《宋文丞相天祥年譜》，頁141～
142。

等過程，直擊天祥從容就義的細節，無論是繫在衣帶上的絕命辭、向南方再拜的動作，或是自若的神色，皆充分顯現其正氣凜然、為國捐軀的忠烈精神。

㈣《世說新語・賢媛第十九》（陶公少時）

> 陶公少時，作魚梁吏，嘗以一坩鮓餉母。母封鮓付使，反書責侃曰：「汝為吏，以官物見餉，非唯不益，乃增吾憂也。」

說明

　　選自《世說新語・賢媛》的這篇短文，頭兩句交代陶侃年輕時，任職魚梁吏的背景，以下則進入事件的主要內容，而此敘事部分，又是依時間先後來陳述，即先寫陶公曾以一罈醃魚，送去給母親，後來卻遭陶母退還禮物並回信責難，教導陶侃應公私分明、清廉為官。故可見全文內容主要在記錄陶侃曾以公物欲孝敬母親，反遭母親嚴厲責備的故事，**屬於「單事」類型**，而藉由這個事件所暗含的主旨，則是在表現陶母之賢德，為安置於篇外的隱旨。

貳、複合類型

　　主旨安置在篇外的「複合類型」，是指在篇章中合用寫景與敘事的寫作方法，此類在國中國文教材中，僅出現於詩歌，而且皆為抒情性義旨，包括表現「喜樂之情」的〈下江陵〉、〈過故人莊〉、〈客至〉、〈清平樂・村居〉，和抒發

「離別之情」的〈黃鶴樓送孟浩然之廣陵〉等首。

◎抒情類

㈠李白〈下江陵〉

> **课文**
>
> 朝辭白帝彩雲間，千里江陵一日還。
>
> 兩岸猿聲啼不住，輕舟已過萬重山。

說明

　　天寶年間，安史叛亂，李白參加了永王軍團，起而抗戰，不料永王兵敗，又遭唐肅宗冠以謀反之罪，李白因而受到誅連，被判流放夜郎，肅宗乾元二年（西元759年）在溯長江經三峽一帶時，忽聞獲大赦的消息，而在返回江陵的途中，寫下這首詩作。

　　作者在「朝辭」句，先交代了離開白帝城的時間，然後運用夸飾的手法，泛泛的提出舟行之速，三四兩句則進一步透過聽覺和視覺，以猿啼之回響，襯托小船倏忽穿越萬山的快捷，因此，這兩句主要乃承上具寫輕舟片時千里的情景。故全詩在內容結構上，是屬於事、景複合的類型，而形容舟行快速的內容，也營造出輕快明朗的節奏，使詩人歸心似箭的心情呼之欲出。黃永武即特別提到這首詩在時間速率上的設計美學：「彩雲間的白帝，只是一個點。由白帝城到江陵，這二個點之間，由長江畫成一條千里的線。……一艘輕舟在那條線上迅速地劃過去，箭也似地瞬息千里，萬重山一座接一座地向後掠去，看也看不清地往後消失，只有猿聲像

活潑的音響一樣大聲地伴奏，這快速的鏡頭與不停變換的場景，能產生一種心驚魄動的快感。」[105] 而這快感，不但是來自輕快的船行，更是融合著詩人急欲返鄉的歡欣之情。

㈡孟浩然〈過故人莊〉

課文

故人具雞黍，邀我至田家。

綠樹村邊合，青山郭外斜。

開軒面場圃，把酒話桑麻。

待到重陽日，還來就菊花。

說明

孟浩然，襄州襄陽（今胡北省襄陽縣）人，和王維同為盛唐山水田園詩人，詩風清空澹遠，內容多為記錄隱逸閒適之生活，〈過故人莊〉即是孟浩然隱居於鹿門山時期的作品[106]。

詩以自然的筆調，將時間動線由現今延展至未來，透過敘事和寫景，從篇外襯托出老朋友相見的情誼。首二句點出老友的邀約，以開展事件始末；次二句主要在寫途中所見之景，染出一派田家風貌；接著具體敘述宴席情境，結二句將時間盪開，預約起下次相見之時機，如此一來，不但能在期待感中收結詩作，以引出言外更大的情意空間，一面也凸顯

---

[105] 見黃永武《中國詩學──設計篇》，頁48～49。

[106] 參見李元洛《歌鼓湘靈》，頁36。

出此番邀訪的愉悅過程與農家深厚的人情味。李浩在《唐詩
的美學詮釋》中解析道：「全詩寫訪友經過。場圍桑麻，田
家之景；殺雞為黍，田家之味；把酒閒話，田家之情。通篇
充滿了田園風味，泥土氣息。尾聯用招呼法寫未來事，造成
一種期待感。然著一『就』字，則係不邀而至，顯得真率灑
脫。不說訪人，卻單提賞花，愈加妙趣橫生了。」[107] 他的分
析除了針對內容作闡明外，也掌握住全詩所生發的藝術效果。

㈢杜甫〈客至〉

課文

> 舍南舍北皆春水，但見群鷗日日來。
> 花徑不曾緣客掃，蓬門今始為君開。
> 盤飧市遠無兼味，樽酒家貧只舊醅。
> 肯與鄰翁相對飲，隔籬呼取盡餘杯。

說明

　　〈客至〉是杜甫寓居於成都草堂後第二年所寫，詩人在
經過長期的流離顛沛，終於能稍感安定，然在清寂的生活
中，有親友得以互相交遊關心，實為心理上的一大慰
藉[108]，而作者也為此詩自注道：「喜崔明府相過」，點明了
這首詩是在表達客人到訪的喜悅之情。

　　首聯用春水和群鷗寫景，以成全詩情境之背景，而「鷗

---

[107] 見李浩《唐詩的美學詮釋》，頁36。
[108] 參考馬美信、賀聖遂主編《中國古代詩歌欣賞辭典》，頁239。

來」也暗伏著「客至」，使頷聯以後的焦點部分，有了很好的過渡。接著，先以「花徑」二句寫客人到來，而且從平時花徑不掃、篷門不開的情形，更見有客到訪之喜。次以「盤飧」二句寫款待之盛情，雖是粗酒淡飯，卻自然流露深厚的賓主情誼。尾聯由實轉虛，假設一情境，由欲邀鄰翁對飲，來加強客至的愉悅氣氛。喻守真評析道：「首聯是寫景併點時令，以『鷗來』興起『客至』。頷聯是正寫客至，花徑不掃，篷門常關，想見少陵那時的閑澹。頸聯是寫殷勤款客之情，市遠家貧，都是實事，並無虛文俗套，又可見賓主間的知己。末聯忽轉別意，欲邀取鄰翁同飲，在文字上可說是峰迴路轉，別開境界。此詩好處，在以家常話表示一種閑適之情，並不露出有意做作之態。」[109] 將其作意說明很詳盡。由此可知，這首詩作是在篇外表現有客到訪的歡喜，屬於主旨全隱的性質。

(四)辛棄疾〈清平樂‧村居〉

課文

> 茅簷低小，溪上青青草。醉裡吳音相媚好，白髮誰家翁媼？　　大兒鋤豆溪東；中兒正織雞籠；最喜小兒亡賴，溪頭臥剝蓮蓬。

說明

辛棄疾於淳熙八年（西元1181年）因遭朝廷當權者猜

---

[109] 見喻守真《唐詩三百首詳析》，頁230～231。

忌，而落職廬居於上饒帶湖，在此廢退的十年歲月中，稼軒雖過著悠閒平淡的隱居生活，但仍心繫社稷，因此他在這個時期的詞風有偏向雋逸閒淡者，也有抑鬱苦悶的色彩[110]。這首詞就寫於辛棄疾閒居帶湖期間，主要藉景、事，描寫鄉居生活之樂，格調清新純樸。

　　上片先就自然之景寫村居環境，然後再由聲及人，凸出相親相悅的白髮翁媼。下片則是透過遠近畫面的營造，由孩子們的活動，刻劃出趣意盎然的人事之景。顧復生說：「在美好風物應接不暇的帶湖佳處，攝取了特具畫意詩情的人物活動鏡頭，組合成了江南農村的清秋風景畫和勞動風俗畫。」[111]詞中所描繪的，本是農村中最平常而樸素的人事物，但一經詞人的巧手佈置，卻能從平凡中提煉出清新的美感，自然流露出盎然的村居情趣[112]，在這些鏡頭的帶領下，也令人感受到農村人家恬淡自適的心境，和來自生活中一種簡單的快樂。

㈤李白〈黃鶴樓送孟浩然之廣陵〉

課文

故人西辭黃鶴樓，煙花三月下揚州。

孤帆遠影碧空盡，惟見長江天際流。

---

[110] 參見陳滿銘〈辛稼軒的境遇與其詞風〉，收於《詩詞新論》，頁147～153。

[111] 見唐圭璋主編《唐宋詞鑑賞辭典》，頁890～891。

[112] 參考楊海明《唐宋詞主題探索》，頁194～195。

說明

　　玄宗開元十四年（西元726年），孟浩然曾往游揚州，途經武昌，遇李白，時年李白二十六歲，春至廣陵，復往東南遊歷於蘇州、杭州、越州、臺州等地，後回舟北上再至揚州[113]。黃鶴樓就位於今天的湖北武昌，當時孟浩然即將離開此地前往揚州，李白遂於黃鶴樓作詩送行。

　　此詩主要藉景、事來烘托離情，形成「先事後景」結構，而主旨即安置於篇外，陳滿銘在《文章結構分析》中就說：「作者就單單透過『事』與『景』，從篇外表出無限的離情來。」並引唐汝詢《唐詩解》：「悵望之情，具在言外。」為本詩之最大特色[114]。在敘事的部分，作者先交代送別所在地——黃鶴樓，與將前往之地——揚州，這是送別詩常用的手法，而此詩於第二句也點出事件發生的時間，並運用了「煙花」為連接兩地的橋樑，它不但有填補空間的效用，也生發出綿綿不盡的離愁；寫景的末二句，則是以遠近法經營空間，其中，孤獨的帆影由近景，隨著江流逐漸遠去，在視覺中漸漸變成一個模糊的點，消失在視野盡頭[115]，最後行人已遠去，僅存長江兀自流入天際，濃烈的別情也隨著由近而遠的空間，無限發酵。

---

[113] 參見劉文剛《孟浩然年譜》，頁29；及黃錫珪《李太白年譜》，頁10。

[114] 見陳滿銘《文章結構分析》，頁11。

[115] 參考陳清俊《盛唐詩時空意識研究》，頁364～365。

◠ 第三章 ◠

教材分析篇（下）
──材料的運用

　　辭章作品的義蘊是抽象的，而所運用的材料是具體的。以具體的材料來表出抽象的義蘊，能使辭章發揮最大的說服力和感染力[1]，而掌握住篇中重要的寫作材料，亦有助於深入領會作者所欲表露的情意思想。一般說來，辭章的具體材料，包括有物材與事材兩大類，其細部分類可列表如下：

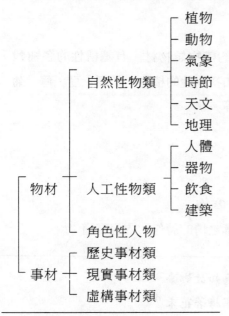

		植物
		動物
	自然性物類	氣象
		時節
		天文
		地理
物材		人體
	人工性物類	器物
		飲食
		建築
	角色性人物	
事材	歷史事材類	
	現實事材類	
	虛構事材類	

[1] 參見陳滿銘《章法學新裁》，頁223。

　　本章將依上述分類，由國中國文教材裡，選取各篇較重要或較具代表性之材料加以分析，以凸顯各個材料的運用，在個別篇章中的作用、意義、特色。

第一節　物材的運用

　　舉凡天文、地理、動植物、時節氣候等自然物，和人體特徵、人工建築、器物、飲食等人工物，以及不帶有事件發展的人物，皆歸屬於物材的範疇。

壹、自然性物類

一、植物

　　文學作品中常見的植物類物材，有總稱性的各種穀、花、果、草、木等，和特稱性的植物，如麥、豆、蓮、菊、梅、梨、棗、柳、竹等。

詩歌之運用

(一)王維〈雜詩〉──寒梅

　　這是一首抒寫懷鄉之情的詩作，內容寫道：

例文

　　君自故鄉來，應知故鄉事。
　　來日綺窗前，寒梅著花未？

說明

　　在這麼多與故鄉有關的人事物象中，作者僅選以「寒梅著花未」入詩，使得故鄉綺窗下的「寒梅」，頓成全詩之焦點物材。黃永武就特別在談詩歌的「空間簡化」時，舉了王維的〈雜詩〉作分析，他表示：「故鄉」的空間概念十分空泛抽象，可以寫的景物也很多、很雜，但作者只擇取綺窗與梅花二個具體景物，將場景簡化，以綢糊的綺窗作底，來襯托開花的寒梅，使寒梅成為空間精緻化處理後，所獨存的景物，在鏡頭前十分凸出[2]。

　　而梅意象對於這首詩的氣氛營造和情思的襯托，也的確具有一定的功用。首先是它暗含懷想故里的意識，洪邁《容齋詩話》云：「古今詩人懷想故居，形之篇詠，必以松竹梅菊為比興。」[3]他舉例說，陶淵明有：「我屋南窗下，今生幾叢菊」之言，杜公也有「為問南溪竹，抽梢合過牆」、「故園花自發，春日鳥還飛」等詩句，王介甫亦云：「道人北山來，問松我東岡」等，皆可見古今詩人，憑著本身對故園空間的經驗和印象，藉故鄉所生之松竹梅菊等植物意象，來抒發思鄉之情，而王摩詰詩曰：「來日綺窗前，寒梅著花未」，也是用以寄託遊子思鄉之意。其次，它也有交代時令和集中調性的作用，喻守真說：「故鄉別的事並不關心，只關心寒梅有沒有著花，非但暗點時令，並寫出一種閒適之

---

[2] 參見黃永武《中國詩學——設計篇》，頁66～67。
[3] 見洪邁《容齋詩話》卷六，頁264。

情。」[4]由於梅花多半在嚴寒的冬季綻放，因此「寒梅」有點出時節的作用，另外，作者僅選梅之開花與否，以家常口語詢問來者，在情調上不同於一般苦悶傷離的思鄉主題，故喻氏認為，末二句反見詩人之風趣閒適，對此，黃永武也從空間氛圍的角度提到：詩人所選取的景物，必然考慮到它的象徵性與暗示力，「像這裡選擇綺窗與寒梅，可以將雅潔閒適的意趣充分表現出來」[5]。寒梅這個物材，確實使全詩的情韻鮮明極了。

(二)孟浩然〈過故人莊〉——綠樹及其他田家景物

〈過故人莊〉的中間兩聯敘述道：

例文

> 綠樹村邊合，青山郭外斜。
>
> 開軒面場圃，把酒話桑麻。

說明

全詩的場景就設定在郊野外老朋友的田莊，因此，詩中運用了許多農村景物來鋪陳環境，劉鐵冷《作詩百法》就說：「此詩以田家二字，為通體之眼，蓋所遇皆田家之境也。」[6]陳滿銘在分析其物材與情意的關係時表示：「綠樹村邊合」一聯，寫的是赴約途中所見到的景物，由田園明媚的風光襯托出心情的開朗與愉悅。「開軒面場圃」一聯，寫

---

[4] 見喻守真《唐詩三百首詳析》，頁267。

[5] 見黃永武《中國詩學——設計篇》，頁67。

[6] 見劉鐵冷《作詩百法》卷上，頁114。

的是到田家後老朋友相會面、話家常的喜悅[7]。無論是「莊外之境」或「莊中之境」，透過作者所揀選的綠樹、青山、場圃、桑麻等材料，皆可令人感受到一派田家風情，黃永武的《詩與美》就說：這些詞彙具有濃厚的泥土氣息，令人聯想著和平寧靜的青綠色，給人田園閒逸的樂趣[8]。這些物材不僅勾勒了全詩的田家風貌，也襯托出詩人在赴約時心情的輕鬆愉悅，和與老朋友對酌時的自然閒適，成功的將主旨──好友之間深厚的情誼凸顯出來，這就是所謂「由境生情，自然合拍」[9]。

(三)李白〈黃鶴樓送孟浩然之廣陵〉──煙花

此詩是首春日送別之作，敘事的前二句云：

例文

> 故人西辭黃鶴樓，煙花三月下揚州。

說明

詩中的首二句，交代故人是於三月時，西辭武昌，前往揚州。這裡用了一個獨具情味的植物材料──煙花，煙花是指霧靄中的繁花，首先，作者運用這映入眼簾的迤邐春景，呼應離別的「三月」時節，趙山林表示：煙花是由「煙」和「花」聯合成一名詞性詞組，形成一個「複合意象」，在詩歌當中用以代表泛稱的時間意象，呼應前面「三月」的特稱性

---

[7] 參見陳滿銘《章法學論粹》，頁15。
[8] 參見黃永武《詩與美》，頁128。
[9] 見劉鐵冷《作詩百法》卷上，頁114。

時間意象[10]。其次，除了時間意象，煙花還在送別之地（黃鶴樓）與所往之鄉（揚州）中間，起著連綴與填補兩地空間的作用，更重要的是，此物象亦被藉以渲染離情，因為籠罩在一層煙霧中的春花，正契合著離人憂悶不明朗的心境，而綿延不盡的花兒，又襯出詩人離愁之多。當自然外物與辭章家的內在情感，產生緊密的交融後，也就大大的增強了作品的感染力。

㈣張繼〈楓橋夜泊〉——江楓

詩題為〈楓橋夜泊〉，故作者就藉著描繪夜泊江邊時的所見所聞，來抒發客旅異地的愁思。首二句謂：

 例文

> 月落烏啼霜滿天，江楓漁火對愁眠。

說明

在首聯所用以營造氛圍的物材中，歸屬於植物類的即是「江楓」。「楓」在此擁有特殊的象徵意義，傅武光認為：楓樹在秋天，葉子變紅，常給予人複雜而深刻的感受，像是韋應物詩：「坐厭淮南守，秋山紅樹多。」董西廂：「莫道男兒心似鐵，君不見滿川紅葉，盡是離人眼中血。」顯然紅葉有刺激鄉愁和離情的作用[11]。可見，楓意象總是與憂愁的情

---

[10] 參見趙山林《詩詞曲藝術論》，頁127～129。

[11] 見傅武光〈「江楓」不是楓樹嗎？〉，收於《名家論國中國文續編》（上），頁40。

意相連結[12]，陳植鍔在《詩歌意象論》裡，也闡述道：「江楓」之作為離愁別緒的現成思路而形諸歌詠，從〈楚辭〉的「湛湛江水兮上有楓，目極千里兮傷春心」始，不下數計[13]。而陳滿銘更針對本詩，把江楓及漁火合觀，並從色彩意象與「月落」句作比較，提出：江邊的楓樹與漁船上捕魚的火炬，將前句的白色調轉變為次句的紅色調，而且又與作者徹夜未眠、眼絲泛起的樣子相互映照，使作者思鄉之情更趨濃烈[14]。質言之，江楓之「象」，與愁思之「意」，在意象的歷史發展上，本有其淵源，而張繼選此物材入詩，亦形成十分典型的情景交融之境。

(五)翁森〈四時讀書樂〉之一──草

翁森在形容春季讀書之樂時，於詩之末二句說道：

例文

讀書之樂樂何如？綠滿窗前草不除。

說明

他以不剪除窗前長滿的綠草，來比喻讀書的快樂，宋《明道學案》即云：「明道書窗前，有茂草覆砌，或勸之芟，曰：『不可，欲常見造物之意。』」[15]這裡所使用草物

---

[12] 嚴雲受：「楓，以自然物象為材料而營構的審美意象，浸漬著抒情主體的悲哀的情思。」見《詩詞意象的魅力》，頁122。

[13] 參見陳植鍔《詩歌意象論》，頁171。

[14] 參見陳滿銘《文章結構分析》，頁14。

[15] 見黃宗羲原本、全祖望修定《宋元學案》卷十四〈明道學案〉下，頁5下。

材，是取其正面、積極的意象，除了以生長得欣欣向榮的綠草，呼應春天的季節外，也藉其蓬勃的生機，象徵讀書的無窮樂趣[16]。

| 散文之運用 |

(一)陶淵明〈五柳先生傳〉──柳

陶淵明在〈五柳先生傳〉一開篇即交代：

例文

> 先生不知何許人也，亦不詳其姓字。
>
> 宅邊有五柳樹，因以為號焉。

說明

文中運用了「柳」為寫作材料。一般而言，古人在住宅旁邊植柳，是一種普遍的現象，不過，陶淵明特別在〈五柳先生傳〉裡，選擇「柳」為其稱號，除了源於宅邊種柳的普遍性，還有更深刻的寓意。

李清筠在《時空情境中的自我影像》曾論道：建築學者認為中國傳統的建築觀念之一，即把住屋視為居住者本人的象徵，故不管是屋宇的設計、布置乃至園林中所栽植的花木，在一定程度上，表達了居住者的人格傾向和審美品味[17]。

---

16 參考部編版《國中國文教師手冊》第四冊。
17 參見李清筠《時空情境中的自我影像──以阮籍、陸機、陶淵明詩為例》，頁141～142。

可見「宅邊有五柳樹」的主人翁，也是有意以「柳」來代表其人格特質的。王立在探討「中國文學中的柳意象」時，則是表示：「柳的易栽易活郁郁青青的蓬勃生命力，使生命個體產生羨慕嚮往之心」[18]而不為五斗米折腰的陶淵明，儘管環堵蕭然，簞瓢屢空，亦甘學柳樹堅毅的特質，過著無違己志的生活，這樣的柳意象，與他是起著共鳴作用的。其次，一向被視為「佳木」的柳，也有象徵化外仙鄉的意思，《山海經·大荒西經》即載：「西有王母之山，壑山、海山。有沃之國，沃民是處。沃之野，鳳鳥之卵是食，甘露是飲。凡其所欲其味盡存。爰有甘華、璇瑰、甘柤、瑤碧、白木、白柳、視肉、琅玕、白丹、青丹、多銀鐵。鸞鳳自歌，鳳鳥自舞，爰有百獸，相群是處，是謂沃之野。」崑崙山上的沃國，一派仙境情景，當中即植有白柳，所以柳樹又代表著世外桃源。再就其形象而言，隨風搖曳的綠楊垂柳，確實能帶給人們精神上的舒暢感，而文中所表現的「不慕榮利」、「忘懷得失」之旨意，亦呼應著柳的隱逸意涵。

　　綜言之，陶淵明會選以柳為文章的重要物材，主要還是在比況自我意識，李清筠在《時空情境中的自我影像》也談到辭章家會從意象的經營來表現心志，像陶淵明作品中的林木意象，不僅是其居處所植，也是用以自況，寄寓「質性自然」之人格特質，其詩作亦不只一次出現柳樹，如〈歸園田居〉之一：「榆柳蔭後園」和〈蜡日〉：「梅柳夾門植」等[19]，薛順雄則認為柳在當時被視為「珍樹」，是天地靈氣

---

[18] 見王立《心靈的圖景——文學意象的主題史研究》，頁40～49。

所匯，具有剛柔並濟、屈伸有度、配生自然、和強韌的生命力等特性[20]，而這正是陶淵明用以寄託其處境、思想、性情的內蘊。

(二)周敦頤〈愛蓮說〉──菊、牡丹、蓮

作者在這篇文章中，從眾多「可愛」的「水陸草木之花」當中，挑選了「菊」、「牡丹」、「蓮」三種為文章的寫作材料：

例文

> 水陸草木之花，可愛者甚蕃：晉陶淵明獨愛菊；自李唐來，世人盛愛牡丹。予獨愛蓮之出淤泥而不染，濯清漣而不妖；中通外直，不蔓不枝；香遠益清，亭亭淨植，可遠觀而不可褻玩焉。
>
> 予謂：菊，花之隱逸者也；牡丹，花之富貴者也；蓮，花之君子者也。噫！菊之愛，陶後鮮有聞。蓮之愛，同予者何人？牡丹之愛，宜乎眾矣！

說明

其中，「菊」與「牡丹」（賓）是用以襯托「蓮」（主）的，三種花分別象徵了「隱逸者」、「富貴者」與「君子」，這在文章末段即已明確拈出，然而，前兩者在象與意的連繫

---

[19] 參見李清筠《時空情境中的自我影像──以阮籍、陸機、陶淵明詩為例》，頁233～238。

[20] 參見薛順雄〈論陶潛「五柳」的象徵意義〉，《東海中文學報》第八期，頁92。

上，是眾所皆知的，所以作者只以略筆帶過，而蓮花則是作者特地用以象徵君子的，所以就用了詳筆，自「出淤泥而不染」至「不可褻玩焉」，仔細的寫出蓮花與眾不同的特質，藉以代表君子的高潔的品格[21]。全文就透過菊、牡丹、蓮這三種物材，將作者愛蓮的心意，和諷喻世人力求品德修養的意思凸顯出來。

二、動物

動物類物材就大的類別而言，有鳥、獸、蟲、魚之類，以小的個別性材料而言，如燕、鷗、杜鵑、馬、猿、癩蛤蟆、蚊、蟻等皆屬之。

㈠樂府〈敕勒歌〉——牛羊

本詩運用了牛羊這兩個動物類物材，使畫面由靜景轉變為動景，充滿生命力。詩歌先勾勒了北方蒼茫遼闊的草原風光，然後在末句寫道：

例文

風吹草低見牛羊。

---

[21] 參考陳滿銘《章法學新裁》，頁215；另參見拙作《虛實章法析論》，頁140。

說明

　　詩之末句可謂為全詩點睛之筆。由於曠野的長風吹起，使茂盛的水草低垂，這才使得成群覓食的牛羊顯現出來，進而使這幅雄渾的塞北風情畫有了焦點，並從中透露出蓬勃生氣，極具獨特的美感效果。陳友冰說：在藏青色的天幕下，白色的羊群、黃色的牛群散放在一望無際的綠色草原上，隨著陣風時隱時現，這是何等壯美的景象！而敕勒人民對家鄉的熱愛和自豪感，都透過這色彩鮮明又充滿生機的放牧圖，盡情展現出來[22]。這首詩，唱出了遊牧民族的豪邁剛健的性格，和對生長的廣袤草原，無限的熱愛與讚美。

(二)樂府〈江南〉——魚

　　這首表現江南風情的寫景小詩，在以田田蓮葉渲染出空間的大背景後，隨即將焦點移到蓮池裡的魚兒：

例文

> 　　魚戲蓮葉間，魚戲蓮葉東，魚戲蓮葉西，魚戲蓮葉南，魚戲蓮葉北。

說明

　　作者先總括性的提出「魚戲蓮葉間」，再分依東、西、南、北的方位變化，凸出魚兒悠游葉間的形象，產生了視覺化的具象美，嚴雲受說：在以自然美為吟詠對象的作品中，

---

[22] 參見陳友冰《兩漢南北朝樂府鑑賞》，頁441。

其中如果出現魚意象，就是自然美的一個構成因素，後來在許多詩歌作品中亦不乏此類意象，如謝朓〈遊東田〉：「魚戲新荷動，鳥散餘花落」杜甫〈秋野〉：「水深魚極樂，林茂鳥知歸」等[23]。黃永武則分析說：魚在荷葉中戲樂，忽東忽西，忽南忽北，形容得相當靈活，除了展現樂府詩有唱有和的音樂效果外，也有其象徵意義，張蔭嘉就表示：「魚戲葉間，更有以魚自比意。」[24]所謂「以魚自比」，就是藉由在層疊的荷葉間游動的魚兒，襯托採蓮青年的歡樂，王國安指出：「這幾句看似在寫魚，實際上意在襯托採蓮少女們的活潑可愛及愉快的心情。」[25]所言甚是，此即「以物喻人，以景附情」[26]的妙處。

(三)王維〈鳥鳴澗〉——山鳥

　　王維此作是透過雲溪的閑景，來襯托出主人翁的閑心。前兩句先呈現一「閑靜」之景，後二句則是透過「山鳥」，以聲響反襯靜境：

例文

> 月出驚山鳥，時鳴春澗中。

說明

　　作者於詩中運「山鳥」為材，其作用有二。首先，鳥的

---

[23] 參見嚴雲受《詩詞意象的魅力》，頁117。
[24] 參見黃永武《詩與美》，頁96。
[25] 見馬美信、賀聖遂主編《中國古代詩歌欣賞辭典》，頁42。
[26] 見陳友冰《兩漢南北朝樂府鑑賞》，頁98。

鳴聲通常用來象徵春季，如此一來，便呼應了詩中所描寫的時節，劉熙載曾謂：「以鳥鳴春，以蟲鳴秋，此造物之借端託寓也。」[27]王維的〈鳥鳴澗〉即是一例。其次，是藉時鳴於春澗的鳥聲，以動喻靜，烘托出「鳥鳴山更幽」的意境。柳晟俊在談「王維詩的自然風」時，特別從「聲」之聽覺角度，舉本詩「月出」二句為例，說道：王維所寫之聲，皆自然景物、山林閒客之聲，非市井朝中之聲，尤其是入輞川所寫諸篇，均天籟之聲，以烘托寧靜之心境，形成王維詩的一大特色，就這首詩而言，在靜寂的環境之中，「月出山鳥驚鳴，更顯示幽靜之境」[28]。陳鐵民在《王維新論》中也說：「王維偏好靜美境界，尤善以音響描寫來刻劃靜景。如〈鳥鳴澗〉：『月出驚山鳥，時鳴春澗中。』以空谷鳥鳴反襯出春山的幽靜。」[29]因此，構成〈鳥鳴澗〉之詩境的要素之一——聽覺意象，就是藉由「山鳥」這個物材，以描繪其聲來「暗示內心之幽玄閒靜，表現自然之意趣」[30]。

㈣杜甫〈客至〉——群鷗

杜甫在開篇先大筆勾勒了草堂周圍的環境：

例文

舍南舍北皆春水，但見群鷗日日來。

---

[27] 見劉熙載《藝概·詩概》卷二，頁74。

[28] 參見柳晟俊《王維詩研究》，頁126、158。

[29] 見陳鐵民《王維新論》，頁212。

[30] 見柳晟俊《王維詩研究》，頁179。

說明

　　這滿眼的春水，和日日飛來的鷗鳥，呈現了一派清寂閒淡的生活。事實上，出現在文學作品中的鷗鳥，因淵源於《列子》「海上之人有好漚鳥者」的傳說故事，而時常被賦予閒逸超俗、歸心自然的意象，嚴雲受指出：「〈客至〉中的鷗鳥意象不僅是江邊景色的點綴，使人們看到杜甫居處的幽僻、冷寂，生活的悠閒，而且體會到詩人超脫於名利、機務，以自然山水為心靈歸宿的淡泊情懷。」[31] 而二句中的「來」字，也暗暗引出「客至」的題旨，劉鐵冷即謂：「起處先以鷗來引客至」、「第五六句寫款客之情，即從客至生出」[32]，說明了「鷗來」在鋪陳詩歌內容上的作用。此外，在詩人的閒居生活裡，平常只有成群的鷗鳥相與為伴，今天卻難得有人到訪，因此，這首詩也有意藉著唯見之群鷗，來反襯有客相過的喜悅。

(五)白居易〈慈烏夜啼〉──慈烏

　　本詩在前半著力於描寫慈烏喪母之哀，詩末則以贊語作結：

例文

　　慈烏失其母，啞啞吐哀音，晝夜不飛去，經年守故林。夜夜夜半啼，聞者為沾襟；聲中如告訴，未盡反哺

---

[31] 見嚴雲受《詩詞意象的魅力》，頁111。
[32] 見劉鐵冷《作詩百法》卷上，頁94。

心。百鳥豈無母,爾獨哀怨深?應是母慈重,使爾悲不任。昔有吳起者,母歿喪不臨。嗟哉斯徒輩,其心不如禽!慈烏復慈烏,鳥中之曾參。

說明

　　慈烏屬於烏鴉的一種,因知反哺母鳥,所以稱為「慈烏」。明李時珍《本草綱目》載:「烏有四種,小而純黑、小嘴反哺者,慈烏也。此鳥初生,母哺六十日,長則反哺六十日,可謂慈孝矣。北人謂之寒鴉。」因此,慈烏這種孝鳥,就有了孝親的意象,而白居易藉以奉勸世人及時行孝,是再貼切也不過了。連文萍認為:慈烏是一種孝鳥,白居易將自我的感受投射,強調「子欲養而親不待」的悲痛是萬物所共有[33]。以此孝鳥為寫作材料,實為稱頌慈烏孝行的顯旨與呼籲世人重視孝道的隱旨,作了最好的襯托。

(六)周邦彥〈浣溪沙〉——杜鵑

　　周邦彥的這首詞作,透過登樓所見的晴空、芳草等物材,和筍已成竹、花成巢泥的景象,表達滿腔的愁緒,末句更謂:

例文

忍聽林表杜鵑啼。

---

[33] 見連文萍〈啞啞思侵曲‧苦苦勸世歌——白居易〈慈烏夜啼〉賞析〉,《國文天地》5卷5期,頁93。

　　此句主要在點醒思鄉不得歸的主旨。這是由於「杜鵑鳥」特殊的啼叫聲，使其一向具有懷鄉之意象，《零陵記》載：「杜鵑，其音云『不如歸去』。」杜鵑，又稱催歸、子規、思歸鳥等，歷來也有許多詩詞家，常會運此物材以表現思歸的情意，如杜甫〈子規〉：「兩邊山木合，終日子規啼。」韓愈〈贈同遊詩〉：「喚起窗全曙，催歸日未西。」又如無名氏〈雜詩〉：「近寒食雨草萋萋，著麥苗風柳映堤。等是有家歸未得，杜鵑休向耳邊啼。」康與之詞：「鎮日叮嚀千百遍，只將一句頻頻說。道不如歸去不如歸，傷情切。」等。動物的鳴叫聲，本無確定的含義，但對有特定情懷的人而言，卻常被賦予特定的意味，杜鵑「不如歸去」的淒切鳴音，便常使異地遊子鄉思難消[34]，而這首〈浣溪沙〉的主要義旨，也正是透過杜鵑這個物材，作了貼切的表出。

⎡散文之運用⎤

(一)〈鷸蚌相爭〉——鷸、蚌

　　〈鷸蚌相爭〉是一篇取材自《戰國策》的動物寓言，內容說道：

> **例文**
>
> 　　蚌方出曝，而鷸啄其肉，蚌合而拑其喙。鷸曰：「今日不雨，明日不雨，即有死蚌！」蚌亦謂鷸曰：「今日不出，明日不出，即有死鷸！」兩者不肯相舍，

---

[34] 參見王立《中國古代文學十大主題》，頁235～237。

漁者得而并禽之。

說明

　　很明顯的，故事中僵持不下的兩個主角，就是屬於動物類物材的「鷸」和「蚌」。鷸，水鳥名，喙細長，一般喜棲息於沼澤、沙洲、潮間帶等水域，以啄食沙泥中的甲殼類及貝類等軟體動物維生。《說文解字‧鳥部》：「鷸，知天將雨鳥也。」顏師古《匡謬正俗》也說：「鷸，天將雨即鳴，即《戰國策》所稱鷸蚌相謂者也。」可見這種鳥類，具有預知天雨的能力，也因此在故事中，鷸鳥會在蚌張開殼曬太陽時，去啄食牠的肉，還對蚌說：「今日不雨，明日不雨，即有死蚌！」企圖渴死對方。蚌，軟體動物，有兩片可以開闔的外殼，所以故事才會設計蚌以硬殼拑住鷸嘴，令其動彈不得。作者可以說是充分掌握這兩種動物的習性，使這篇動物寓言，有了完整且充滿戲劇性的情節，更從中寄託了深刻的含意。

㈡岳飛〈良馬對〉──馬

　　本文主要藉岳飛與高宗的一段對話，取「馬」為材，以設喻說理，從篇外暗諷高宗要能識拔賢人。文云：

例文

　　帝問岳飛曰：「卿得良馬否？」

　　對曰：「臣有二馬，日啗芻豆數斗，飲泉一斛，然非精潔即不受；介而馳，初不甚疾，比行百里，始奮迅，自午至酉，猶可二百里，褫鞍甲而不息不汗，若無

事然。此其受大而不苟取，力裕而不求逞，致遠之材
也。不幸相繼以死。今所乘者，日不過數升，而秣不擇
粟，飲不擇泉，攬轡未安，踴躍疾驅，甫百里，力竭汗
喘，殆欲斃然。此其寡取易盈，好逞易窮，駑鈍之材
也。」

　　帝稱善。

說明

　　林雲銘稱：「武穆乃將馬之所以為良，所以為不良處，
細細分別出來，全為國家用人說法，妙在含蓄不露。」文中
從食量、性格、能力等方面，來分析「良馬」與「劣馬」的
差別，由良馬與劣馬實比況於賢才與庸才的含意而言，文章
表面雖著重在寫馬，但卻無一不是指向朝廷用人的政策。林
氏亦云：「不幸相繼以死，今所乘者」以下，「罵盡舉朝無
人，皆屬駑鈍，尤感慨之極也。」岳飛的善喻，甚至可令全
文「作一篇國策讀」[35]。不過，因為文內只針對良馬與劣馬
的不同分別敘寫，屬單事類型，而其核心理語則是盡在言
外，所以說它具有「含蓄不露」的特色。這種將道理寓於事
理之中的手法，也十分常見，如韓愈的〈雜說〉之四，以
「世有伯樂，然後有千里馬」，深刻的對當時不合理的用人制
度提出針砭，又如劉大櫆的〈騾說〉，也是借助於騾的特殊
性情，喻對待人才應「煦之以恩」。透過運物為喻的藝術技
巧，也使得諷喻性的道理，較容易讓人所接受。

---

[35] 參見林雲銘《古文析義》卷八，頁798。

三、氣象

　　偏於天候氣象類的物材，大致有雨、露、風、霜、露、雲、雪、煙、霧、雷、電等。

┌─────────────┐
│ 詩歌之運用 │
└─────────────┘

(一)王維〈山居秋暝〉──新雨後

　　此詩描寫秋日傍晚雨後山村的幽美景色，流露詩人領受這種佳景的愉快，和對自然的愛戀之情[36]。詩之首聯寫道：

┌─────────────────────────────────────┐
│ 例文 │
│　　空山新雨後，天氣晚來秋。 │
└─────────────────────────────────────┘

說明

　　這幅山居秋景，在一陣新雨過後，顯得清新無比。唐汝詢：「此見山居之佳，雨過涼生，夜氣浸爽。月明泉列，景有秋容。」[37]黃振民也說：「起寫天氣之佳，言空山雨過，塵氛盡消，況值秋晚，清涼襲人，氣候美好，概可想知。」[38]作者以「新雨後」之氣象類物材入詩，一方面應題之「秋暝」，與傍晚、秋天的涼爽天氣相融合，另一方面，雨後洗淨的山林，與下聯的月下松泉之景，使全詩在視覺上構成一

---

[36] 參見陳鐵民《王維新論》，頁189。
[37] 見唐汝詢《唐詩解》卷之三十六，收於《四庫全書存目叢書》，頁148。
[38] 見黃振民《歷代詩評解》，頁209。

種清澹透明的美感。由此足見王維以高妙的煉材技巧，將雨後的秋涼，配合上月泉的清新，與浣女漁舟的動態美，形成全詩清幽的意境，寄託了詩人高潔閒適的情懷。

㈡翁森〈四時讀書樂〉之二——薰風

翁森〈四時讀書樂〉之二詩末云：

例文

讀書之樂樂無窮，瑤琴一曲來薰風。

說明

「薰風」是一個值得關注的氣象類物材。「薰風」是指南方吹來的和風，古傳舜帝曾作〈南風〉之歌，詞云：「南風之薰兮，可以解吾民之慍兮。」所謂「薰風解慍」即源於此，可見和煦的薰風，頗能令人感到欣喜愉悅。而這個物材，也常出現在詠夏景的詩詞作品中，如柳永〈女冠子〉就寫道：「薰風時漸動，峻閣池塘，芰荷爭吐。」元劉時中〈水仙操〉也有「荷香勾引薰風至」的句子，所以翁森在形容夏天讀書的無窮樂趣時，就運用了「薰風」，一方面扣合季節，一方面也藉此可「解慍」之南風，加上流洩而出的美妙琴音，表現夏日展書讀的愉快心境。

散文之運用

㈠《世說新語‧政事第三》（陶公性檢厲）──積雪始晴

　　作者在文中選了三個事件，具體說明陶公「性檢厲，勤於事」的處事風格，其中，第一件事寫道：

例文

　　作荊州時，敕船官悉錄鋸木屑，不限多少，咸不解此意。後正會，值積雪始晴，聽事前除雪後猶濕。于是悉用木屑覆之，都無所妨。

說明

　　此事發生於正月集會時，正逢「積雪始晴」的氣候狀況。天既放晴，則融雪必使地面變得潮濕，廳前階梯上的殘冰加上雪水，不僅十分不利於人員行走，還有可能發生意外。然而，在此之前，陶侃早已命人將鋸木所剩的木屑收集起來，後來碰上這久雪初晴的天氣，正好將這些事前收藏的木屑，覆蓋住濕滑的階梯，如此一來，人們在進出上下時，就一點也不受影響了。作者在這則短文裡，借助此突發的天候狀況為寫作材料，一方面使前面「咸不解此意」的行動，得到解答，更讓人見識到陶侃辦事的檢束嚴謹，與其縝密周到的思慮，時人稱陶侃「綜理微密」，絕非溢美之辭。

㈡吳均〈與宋元思書〉──風煙俱淨

南梁吳均一向被讚譽是寄情山水而擅寫風景文字的作家，〈與宋元思書〉就是一篇抒寫模山範水的優美駢文。文章一開頭便以「俱靜」寫「風」與「煙」，「勾勒出廣闊明淨的背景」[39]：

例文

> 風煙俱淨，天山共色，從流飄蕩，任意東西。自富陽至桐廬，一百許里，奇山異水，天下獨絕。

說明

江上的風停了，山上的煙嵐也消散了，明潔的天候與清幽美好的環境，著實令人心馳神往，充分引發了遊人的興致[40]。且由於「風煙俱靜」，才得見「天山共色」，使這「獨絕」的「奇山異水」，清晰的映入遊人眼底，開展了下文豐富精彩的畫卷。可見「風煙俱淨」，具有渲染明淨的背景以引起遊興和開展下文等作用，而吳戰壘也指出：「江上風平浪靜，煙光盡掃，兩岸山色無垠，遠與天接，視野是何等開闊，心情又是何等舒展！這正是一個秋高氣爽，游目騁懷的大好時節。這兩句景語孕情，大氣包舉，可謂善於發端。」[41]

---

[39] 見易俊傑〈奇山異水天下獨絕──吳均〈與宋元思書〉賞析〉，《國文天地》65期，頁92。

[40] 周兆祥：「風煙」句乃在概寫天候的明潔，從而點染出作者遊興之濃。參見〈山水駢文的佳作──讀吳均〈與宋元思書〉〉，《文史知識》1982.11，頁40～41。

[41] 見陳振鵬、章培恒主編《古文鑑賞辭典》，頁725。

可說是把這個氣象類的物材，在文中所透顯的作用和寓含的情意，都作了清楚的分析。

四、時節

時節類物材包括與時間、節日、季節等相關的名詞，如月份、佳節、重陽、中秋、端午、晨、早、午、晚、昏、晝、夜等。

詩歌之運用

(一)王維〈鳥鳴澗〉——夜、春

此詩以篇首的「人閑」直抒主人翁恬適之心境[42]，並統括起後半桂花、夜山、澗谷三目閑景來襯托情意，其中，二句寫夜山之閑云：

> 夜靜春山空。

說明

作者以「夜」和「春」之時間材料，點出此詩所寫是皇甫嶽雲溪別墅在春天時節的幽靜夜景，並且也與後文的「月出」、「春澗」緊密的呼應著。柳晟俊認為，詩人因「人閑」，而能體察到夜之靜與春山之空，充分表現出「內心外境如一」的詩意[43]，說明了材料與主旨之間的關係。另外，

---

[42] 參見陳滿銘《章法學新裁》，頁363。

作者用「靜」與「空」來形容夜晚和春山，也與詩中所蘊含的禪趣有關，夜之靜，表達了一種禪寂之境界，而春山之空靈，則曲盡妙悟之境，這些象徵性的詞彙，本與禪學思想相合，由此亦見王維之性情及其審美觀[44]。

㈡孟浩然〈過故人莊〉——重陽日

這首詩運用了由實（今）而虛（未）的時間設計，先記此次愉快的聚會，再預約下次見面的時機，將老友之間的真摯情誼，充分表現出來。而在寫虛時間的部分，作者以九九重陽為約，云：

例文

> 待到重陽日，還來就菊花。

說明

詩末這兩句，屬於以節令為材料的筆法。蓋農曆九月九日為重陽節，中國人在這天一向有登高敬老的風俗，大約從晉代開始，就相當受到重視。除了登高，還漸漸加入了野宴、賞菊、飲菊花酒、插茱萸等活動，這是因為古傳茱萸和菊花能夠趨吉避凶，消除陽九之厄。可見，以重陽為材，在氣候上，正值秋高氣爽的宜人季節，在時令上，更是中國人的重要節日，十分適合與親朋好友登山遊賞或宴飲為樂。就整聯的內容而言，兩位老友在席散之前，又以重陽為約，預

---

[43] 參見柳晟俊《王維詩研究》，頁158。
[44] 參見柳晟俊《王維詩研究》，頁159。

定了下次聚會的時間，如此一來，不僅正襯出此次見面的盡興，更把朋友的情誼推深了一層[45]。劉鐵冷即評析道：「結二語，一待字、一就字，是留無限餘情，含蓄入妙。」[46]點明了末聯的美感效果，或許作者在此亦藉「重九」，暗暗寄寓了兩人的友情能長長久久的心願。

散文之運用

◎蘇軾〈記承天寺夜遊〉——夜

蘇軾這篇文章，大致上是以敘事、寫景、抒情三個節段組織成。在敘事的部分，又以「夜」字，點出時間以應題，文云：

例文

　　元豐六年十月十二日，夜，解衣欲睡，月色入戶，欣然起行。念無與樂者，遂至承天寺，尋張懷民。懷民亦未寢，相與步於中庭。

說明

　　這裡可說是以簡筆，交代了此次夜間閒遊之所以成行的原因，時間正是發生在「解衣欲睡」的深夜，也因為夜深，才見「月色入戶」而「欣然起行」，但一人獨賞，未免寂寞，於是前往承天寺尋友共遊。顏玲說：「興之所來，不可

---

[45] 參見陳滿銘《章法學論粹》，頁15。
[46] 見劉鐵冷《作詩百法》上卷，頁114。

自已。這正是蘇軾那曠達性格的表現。」[47]試想，一般世人總被繁雜的世俗事所綁縛，恐怕不會在正好眠的夜裡，為灑落的月光所吸引，甚至隨即化為行動，因此，蘇軾於夜中興起遊心的表現，也與其閒逸的心境相應，當然，夜不能寐，多少也帶有一絲絲來自貶謫命運的複雜心理。總之，文章以「夜」開篇，一面扣合題意與文旨，一面也為後半描寫夜景和抒發閒情的內容，打開一條文路。

五、天文

凡與日、月、星辰等有關之實物，即屬於天文類物材。

㈠陶淵明〈歸園田居〉──月

陶淵明在這首〈歸園田居〉中，詳述了歸隱後從事農耕的辛苦生活，其中三、四句謂：

例文

> 晨興理荒穢，帶月荷鋤歸。

說明

此聯寫他清晨就得下田忙於農務，直到晚上，才披著月光返家。這裡要特別探討的是詩句中的月意象，首先，它有點明時間的用意，作者在結束一天的工作而得以歸家之時，

---

[47] 見王國安編《古代散文賞析》，頁228。

已是明月高掛的夜晚，並藉此以見躬耕生活之勞碌。其次，明亮的月光，一方面象徵著自己高潔的人格[48]，一方面也暗合「但使願無違」的主旨，駱玉明解析道，詩人美好的情緒，都表現在「帶月荷鋤歸」一句，試想，扛了把鋤頭，在灑滿月光的小路踏上歸途，是何等優美的情調，由此亦顯現出詩人心理上的滿足感，並帶有肯定與欣賞自己人生選擇的意味[49]。雖然農事繁重，但主人翁的心境卻是愉悅的，因為「復得返自然」，正是他最嚮往的生活方式。

㈡王之渙〈登鸛鵲樓〉──白日

這是一首登樓遠眺的小詩，旨在寫詩人面對眼前壯闊的山水，而興起更上層樓，一覽眾小的雄心，並暗勉人生境界的提昇。在描摹登樓所見的景觀時，作者選取了天文類物材的「白日」入詩，前二句謂：

> 白日依山盡，黃河入海流。

就詩意而言，所謂「白日依山盡」，是指中條山的山勢雄偉高大，以致雖未值黃昏，卻隱沒了移到山後的太陽，徐增在《而庵說唐詩》中就曾指出：「白日依山盡，非言登樓

---

[48] 參見林聆慈〈古典詩詞中的月意象〉，《國文天地》17卷10期，頁60。
[49] 參見馬美信 賀聖遂主編《中國古代詩歌欣賞辭典》，頁91～92。

之時晚，正言中條之高大。」[50]自然流洩的這五個字，可以說把山勢的高峻都表現出來了。再就天文物材中的日意象而言，白晃晃的太陽比起夕陽，要更具積極向上、健康明朗的意義，江錦玨也說：「『日』有照耀大地，給人希望、強盛、高高在上的感覺。」[51]這樣的白日意象，與開拓胸懷、努力進取的詩旨，亦是密切契合的。總之，「依山盡」的「白日」配合「入海流」的「黃河」，無形中便起著加強氣勢與擴大空間的作用，深深的引動了詩人的情懷，從而激發出寬闊襟懷與向上進取的精神。

 散文之運用

◎蘇軾〈記承天寺夜遊〉──月

這篇文章既是寫「夜遊」，則月色無疑是文中重點景物之一。作者在正寫夜景的節段裡說道：

例文

> 庭下如積水空明，水翁藻荇交橫，蓋竹柏影也。

說明

這段寫景文字，集中在表現庭中的皎潔月色，和月光穿過竹柏所產生的迷人光影，可以說是用最精鍊的比墨，選取

---

[50] 見徐增《而庵說唐詩》，收於《四庫全書存目叢書》，頁646。又，王文濡曾在「白日」一句下評：「樓前所見者，中條之山，其山高大，日為所遮，故云。」見《唐詩評註讀本》卷三，頁2下。
[51] 見江錦玨《詩詞義旨透視鏡》，頁229。

了最凸出的材料，以承載最豐富的情意。顏玲就說：「中段
寫景，夜間閒遊，可入文者甚多：寺、庭、月、樹、草、風
聲、蟲鳴等等，如果一一娓娓道來，可製成相當規模的文
章。但作者只擷取月光來描寫，將庭中的月色比為『積
水』，將月下竹柏影喻為『藻荇』，而一個『空明』，極言月
光澄澈潔淨，一個『交橫』，則寫盡了竹木叢生錯雜之狀
態。出奇的聯想構成了綺麗的美景，而又如此貼切、動人，
令人宛然如見。」[52]這種特寫性的畫面，也在讀者心中留下
最深刻的印象。就藝術手法而言，王更生在《蘇軾散文研讀》
中，分析道：「他用『積水空明』，形容庭中融融月色，又
就積水這個比喻，正面落筆到『水中藻荇交橫』，正當讀者
想像藻荇形態時，他又輕輕點破，『蓋竹柏影也』，把那靜
態的月色寫得如此搖曳多姿，令人心動神移。」[53]作者並不
直接寫實景，而是透過譬喻的方式，來描繪庭中月色與竹柏
陰影，這樣不但更添文章情趣，且由特殊筆法所構成的風物
妙境，也與主人翁的閒心緊密結合，所謂「蓋不閒，則無暇
亦無趣，難以領略這寺院中特有的月色」[54]。此外，無論是
月，或是竹、柏，這些材料都寓含了高潔清淨的意象，尤其
是皎潔、美好的月光，往往借以象徵品格高潔[55]，灑落庭中

---

[52] 見王國安編《古代散文賞析》，頁228。
[53] 見王更生《蘇軾散文研讀》，頁212。
[54] 見王更生《蘇軾散文研讀》，頁212。
[55] 江錦珏：「『月』往往會被借以抒發思鄉的愁懷，也因其美不勝
收，故也用來象徵美好的情景，或當作品格高潔的象徵。」見《詩
詞義旨透視鏡》，頁229。

的空明月光，正代表著主角心中澄澈，不為外俗所苦，所以蘇軾才會於文末發出「但少閑人如吾兩人」之感謂，也因為有此情意，才能使這些再普通不過的常景，含藏著令人動容的力量。

六、地理

舉凡山、水、溪、澗、泉、石、道、徑、地名等，皆屬於地理類物材。

> 詩歌之運用

(一)樂府〈木蘭詩〉——黃河、黑山、燕山

在這首敘事詩的第二個節段中，寫木蘭在繁忙的行前準備工作完成後，隨即離家，正式踏上征途：

> **例文**
>
> 　　旦辭爺孃去，暮宿黃河邊。不聞爺孃喚女聲，但聞黃河流水鳴濺濺。旦辭黃河去，暮至黑山頭。不聞爺孃喚女聲，但聞燕山胡騎鳴啾啾。

說明

詩中以兩個層次，由近而遠的敘明木蘭離鄉的路程。由家門到黃河，再到薊北的黑山、燕山一帶，景致已由熟悉、溫暖的家園，轉移到陌生、肅殺的北國戰地，爺孃的聲聲呼喚已不復聞，耳所聽者，惟幽幽奔流的黃河水，和燕山附近不時傳來的胡人兵馬聲。透過場景的轉換，無形中也交織出

木蘭複雜又堅毅的心理狀態，陳友冰表示，這幾句「形象地寫出了木蘭初離父母時的那種依戀和惆悵心緒，既寫出了一個初離家門的少女心緒，又反襯出她決心從戎的堅強意志。」[56] 在家鄉與北地的兩相對比下，不但暗含了木蘭對父母的懷思，也從漸行漸遠的征程中，表現出女戰士勇往直前的壯志豪情。關於後者，鄭利華更清楚的由黃河、燕山這些寫作材料說明道：「作者選取『黃河』、『燕山』等實地的場景配置，不僅以這些壯烈的圖景襯托出木蘭此時由一位悲嘆的弱女子，變成為毅然從軍的女戰士的開闊、堅定的精神境界，同時又恰到好處地渲染了臨戰的氣氛和木蘭上陣的心態。」[57] 這樣勇敢、堅強、孝順的木蘭形象，正是詩人立意的重點所在。

㈡蘇軾〈題西林壁〉──廬山

　　這首詩主要在記錄遊歷廬山的心得，詩云：

> 例文
>
> 　　橫看成嶺側成峰，遠近高低各不同。
> 　　不識廬山真面目，只緣身在此山中。

說明

　　「廬山」是個特稱性的地理類物材，位於江西省九江市，是構成全詩內容的主要舞台，作者將遊賞所見，及其所

---

[56] 見陳友冰《兩漢南北朝樂府鑑賞》，頁432。
[57] 見馬美信、賀聖遂主編《中國古代詩歌欣賞辭典》，頁122。

獲致的哲理思想，題寫於廬山西北麓的西林寺壁上，故名為
〈題西林壁〉。廬山是個名聞遐邇的風景名勝區，它有著連綿
陡峭的山勢，由正面、側面，或是遠、近、高、低等不同的
角度觀賞，都會呈現出各種不同的美麗風姿。正由於詩人如
此的觀察入微，遂引發攬勝後的深刻感受：就因為身處其
中，才沒能認清它的真實面目，此外，還延伸出一個頗為耐
人尋味的哲理——「當局者迷，旁觀者清」，成就了一篇借
景物材料以喻理的佳作。

㈢辛棄疾〈清平樂‧村居〉——溪

　　作者在詞中擇取了許多清新的農村風物，來表現村居帶
湖的安適。全詞寫道：

例文

　　茅簷低小，溪上青青草。醉裡吳音相媚好，白髮誰
家翁媼？　　大兒鋤豆溪東；中兒正織雞籠；最喜小兒
亡賴，溪頭臥剝蓮蓬。

說明

　　畫面中，首先映入詞人眼底的，就是樸實的茅草屋，在
這有著低矮屋簷的住所旁，是一條清澈的溪流，岸邊還長滿
了綿延青草，自然的呈現出一派鄉村美景。此時，順著醉裡
的吳儂談笑聲找去，隨即出現了兩個怡然自得的白髮公婆，
然作者在此復設一問句，亦暗點了溪邊的那戶人家。後半分
寫溪東有大兒在鋤豆，中兒正在編織雞籠，最可愛的小兒，
則是在溪頭臥剝蓮蓬，可見作者在下片所描繪的人事之景，

仍以溪流作為中心，並藉著孩子們的動作和神情，來勾勒農家的生活片斷。顧復生說：「小小畫幅中，有清溪一水縈迴映帶。從青草溪邊的茅屋、大兒鋤豆的溪東到小兒剝蓮蓬的溪頭，意脈連綿，情思不斷。」[58]可見全詞正是以青草邊的溪流，把這些場景貫串成整體，而這一灣清淺，亦承載著詞人的歡悅閒情。

㈣張養浩〈山坡羊・潼關懷古〉──潼關

　　元文宗天曆二年，張養浩奉命前往陝西賑災，他在路經潼關時，登臨雄偉關隘，西望長安，而懷古傷今，寫下這首關懷民瘼的作品。曲之前三句以寫景始，拈出全篇的主要空間──「潼關」：

　　　峰巒如聚，波濤如怒，山河表裡潼關路。

説明

　　首句就「山」，描繪潼關所倚之連綿山峰，次句就「水」，形容潼關所面對的滾滾黃河，三句總收山、水兩目，並以「山河表裡」直指潼關的險勝形勢。潼關位於今天的陝西省潼關縣，在地理位置上內據崤山、華山諸山脈，外有黃河環流，是屏障長安的重要門戶，故此地素以險要著稱。想起這裡曾有無數次關係著歷朝興亡的戰事，自然引發作者撫今追昔的慨歎。

---

[58] 見唐圭璋主編《唐宋詞鑑賞辭典》，頁890～891。

散文之運用

◎劉禹錫〈陋室銘〉——山、水

　　本文前四句，藉由「山」、「水」之地理材料為「賓」，以陪襯出「主」——「室」，並作為點出主旨句的鋪墊：

例文

　　山不在高，有仙則名；水不在深，有龍則靈；斯是陋室，惟吾德馨。

說明

　　顧漢松說：「第一層次共為六句，以山水作為比喻，襯托出陋室的不陋。」[59] 李如鸞則以為：「文章用山和水比附室，用不高和不深比附陋，用仙和龍比附主人，用名和靈比附德馨。這種『旁起』的寫法，使文章有波瀾，有曲折，曲盡引人入勝之妙。」[60] 仔細說明了賓主之間所比附的內涵。一般總認為，山高水深方能使勝景極具知名度，然而劉禹錫卻獨排眾議，從反面立意，提出山水不在高深，只要有「仙」、有「龍」，就能使之聞名[61]，同樣的，居室也不在於寬闊華美，只要主人「有德」，即能使陋室不陋。這樣透過比喻和對照的方式引出主旨，不但使文章具有曲折美，也使

---

[59] 見王國安編《古代散文賞析》，頁163。
[60] 見李如鸞〈短小、精粹、雋永——劉禹錫〈陋室銘〉賞析〉，《國文天地》4卷9期，頁76。
[61] 參見王國安編《古代散文賞析》，頁163～164。

所要抒發的道理，更具說服力。

貳、人工性物類

一、人體

與人體有關之人工性物類，亦可成為辭章的寫作材料，像是髮、顏、涕淚、鬢、髯、首、頸、項、膝、臂等都歸屬於人體類的物材。

 詩歌之運用

◎杜甫〈聞官軍收河南河北〉——涕淚

一般「涕泗」、「淚眼」等物材，大部分用以表達憂傷情緒，不過，也有因喜極而涕零者，本詩運「涕淚」為材的作用，即屬後者。首聯云：

> 例文
>
> 劍外忽傳收薊北，初聞涕淚滿衣裳。

說明

作者在二句中，就用了「涕淚」，寫其驟聞捷報時的激動心情，沈秋雄說：「詩人在梓州，聽到安、史之亂平定的消息，不禁涕淚縱橫，正是『喜心翻倒極，嗚咽淚沾巾』（杜甫語，見〈喜達行在所三首〉之二），這是喜極而泣的眼淚。」[62] 楊仲弘則是認為：一聞之初，悲喜交集，而先之以泣，後謾爾卷束詩書，不勝其喜而欲狂[63]。說明了這是詩人

在乍聞好消息時，所生之激動、複雜的心理狀態，他一方面是欣慰將免於亂離，一方面又狂喜於終能歸鄉，而這「無愁有喜」的眼淚，也將作者當時喜不自禁的歡愉心情，作了最好的詮釋。

散文之運用

㈠魏學洢〈王叔遠核舟記〉──三主客之姿態

王叔遠的核舟，刻的是東坡泛遊赤壁的內容，其中，對於船首的東坡、佛印、魯直三主客等人物，更是下了不少功夫，魏學洢形容道：

例文

> 船頭坐三人，中峨冠而多髯者為東坡，佛印居右，魯直居左。蘇黃共閱一手卷；東坡右手執卷端，左手撫魯直背；魯直左手執卷末，右手指卷，如有所語。東坡現右足，魯直現左足，身各微側；其兩膝相比者，各隱卷底衣褶中。佛印絕類彌勒，袒胸露乳，矯首昂視，神情與蘇黃不屬。臥右膝，詘右臂支船，而豎其左膝，左臂掛念珠倚之，珠可歷歷數也。

---

[62] 見沈秋雄〈一首喜心翻倒的詩 ── 杜甫〈聞官軍收河南河北〉賞析〉，《國文天地》4卷12期，頁99。

[63] 參見楊仲弘《杜律心法》，收於《詩學指南》卷七，頁238

說明

　　在此段中值得注意的是，作者運用了許多人體類物材，如髻、手、背、足、身、膝、胸、首、臂等，再配合上身體各部位的動作，仔細的描摹出主客三人的體態。文中先點出「船頭坐三人」，以總起下文，然後交代三人的相對位置，居中者，就是蘇軾，其形象是「峨冠而多髯」，不但戴著高帽子，還有滿頰的鬍鬚。接著，分兩部分具體描寫三人的形貌，其一乃合寫蘇黃共閱書畫長卷的神態，其二則專寫盡享山光水色的佛印。東坡是「右手執卷端，左手撫魯直背」，魯直是「左手執卷末，右手指卷」，兩人一現右足，一現左足，身體各自向一邊側站；一旁的佛印更是擺出如彌勒佛般的樣貌，「袒胸露乳，矯首昂視」、「臥右膝、詘右臂、豎左足」的他，神情自然是「與蘇黃不屬」。隨著文字的刻劃，讀者也很自然的將三個人的動作、姿態，形象的呈現在腦海中，並且深深的體會到三人與好友一同尋幽訪勝的悠閒心境，另一方面也可見雕刻者細緻的刻工，與記載者的描寫入微。

(二)胡廣〈文天祥從容就義〉——流涕

　　本文主要在記載文天祥從容赴刑、成仁取義之事蹟。文章的最末段，是細寫文天祥捐軀就義的過程，其中在「臨刑」、「使至」兩節云：

例文

　　臨刑，從容謂吏曰：「吾事畢矣。」問市人孰為南

北，南面再拜就死。俄有使使止之，至則死矣。見聞者
無不流涕。

說明

　　作者於末句以「見聞者無不流涕」，運用了「涕淚」之
人工性物材，從側面表現出人們對於此事件的震撼與感動，
在情意上，大大加強了文章的感染力，也使後人在讀此篇傳
記時，更加感懷文天祥忠君愛國的精神。

二、器物

　　因人力加工而製成的東西，即為人工性物材中的器物
類，如盛裝食物的器皿、交通工具、樂器、工藝作品等生活
中會運用到的各種器物皆屬之。

詩歌之運用

(一)樂府〈木蘭詩〉──鞍韉、轡頭、長鞭

　　〈木蘭詩〉的次段，在交代他決心代父從戎後，便展開
出征前的準備工作，詩云：

例文

　　東市買駿馬，西市買鞍韉，南市買轡頭，北市買長
鞭。

說明

　　鞍韉、轡頭、長鞭等，都是一些與軍旅裝備有關的物

材，作者僅從側面敘寫行裝之添購，就將木蘭的形象由一個尋常女子，轉變為英勇的戰士。陳滿銘說：這四句「從多方面去描寫木蘭所買的軍用裝備，木蘭的英雄形象在此段形成。」[64]陳友冰也表示：「這時，她已不是停梭長嘆的閨中少女，而是一位英姿勃勃、整裝待發的青年戰士了。」[65]詩中就是以這些獨具特色的物材，刻劃出鮮明的人物形象。

㈡李白〈下江陵〉──輕舟

本詩之內容是以「輕舟」表現舟行的迅速，詩云：

例文

> 朝辭白帝彩雲間，千里江陵一日還。
> 兩岸猿聲啼不住，輕舟已過萬重山。

說明

朝發白帝，一日即得還千里外的江陵，這樣不僅表現出因順流而下，水勢的急瀉，另一方面也反映出詩人遇大赦而終能返鄉的急切與喜悅。王國安說：這首詩「以船行的輕快與詩人心情的輕快，相互映襯，更可體味到詩人重獲自由後的歡快激昂的心情。」[66]此外，作者為求快行的意象更加鮮明，還用了「萬重山」，形成對比，以景襯景，黃永武指出：「李白為了表現行舟的迅疾，利用『萬重山』與『輕舟』

---

[64] 見陳滿銘《文章結構分析》，頁69。
[65] 見陳友冰《兩漢南北朝樂府鑑賞》，頁431。
[66] 見馬美信、賀聖遂主編《中國古代詩歌欣賞辭典》，頁192。

那懸絕的比重，使『輕舟』像箭一樣地的輕飛起來。」[67]可見，運用「輕舟」這個物材，來表現舟行快速的意象，亦與詩人所欲表達的情意，作了最好的配合。

(三)杜牧〈贈別〉之二——蠟燭

這是一首抒發別情的詩作，末二句謂：

> 蠟燭有心還惜別，替人垂淚到天明。

說明

詩人將離情別緒轉嫁到眼前之蠟燭，投射到外物，使人感到蠟燭似乎也接收到這股傷別情意，為人淚流不盡。除了「垂淚」，「有心」一詞也以蠟燭的燭心，代表著情人的心意，一語雙關。黃永武說：「詩中的蠟燭，與詩人的心弦發生了生命的共振。……詩人將情感假借給蠟燭，蠟燭就變成有表情、有動作的有機體，與詩人一樣多愁善感了！」[68]這樣的移情作用，確實在渲染詩意上，能產生強大的感染力。同樣的物材也時常出現在其他詩作中，如李商隱〈無題〉：「春蠶到死絲方盡，蠟炬成灰淚始乾」除了用蠶絲喻情絲外，蠟淚所代表的就是情淚[69]，溫庭筠〈更漏子〉：「玉爐香，紅蠟淚……不道離情正苦」亦以蠟淚詠離情等，後來也

---

[67] 見黃永武《中國詩學——設計篇》，頁42。
[68] 見黃永武《詩與美》，頁20。
[69] 參見王熙元《詩詞評析與教學》，頁69～70。

為晏幾道化用於〈蝶戀花〉（醉別西樓）末兩句「紅燭自憐無好計，夜寒空替人垂淚」，此即運用物材的特殊意象，營造出雙關語意，以加深情味力量的美感效果。

三、飲食

在人工性物類中，像是酒、醋、餳、鮓、餐飯、雞黍等，都是食物類的寫作材料。

詩歌之運用

◎杜甫〈客至〉——盤飧、舊醅

〈客至〉全詩以流暢自然的筆調，展現了詩人熱情款待客人的生活場景[70]。作者在五、六句正敘款客之宴飲時，寫道：

盤飧市遠無兼味，樽酒家貧只舊醅。

說明

由於遠離市井，使得宴客的菜餚無法兼備多種山珍海味，又因家貧，只能拿出舊釀而未過濾的薄酒來招待客人。從這兩句詩意當中，一方面可見得詩人居處之僻遠與其淡泊的情懷，另一方面，更能藉由這兩個飲食類物材，體現出主人的誠意和友朋之間濃厚的情誼。嚴雲受即表示：雖然食物

---

[70] 參見嚴雲受《詩詞意象的魅力》，頁110。

並不豐盛，樽酒只是「舊醅」，但卻顯出詩人深長的情意[71]，所謂「不需俗套虛文，但見賓主間的知己」[72]，說的就是這層深含的義旨。

散文之運用

◎《世說新語・賢媛第十九》（陶公少時）——鮓

　　這是收入〈賢媛〉篇中的一則短文，重點在敘述陶侃的母親退回物品，並回信責備陶侃的事件，文中寫道：

例文

　　陶公少時，作魚梁吏，嘗以一坩鮓餉母。母封鮓付使，反書責侃曰：「汝為吏，以官物見餉，非唯不益，乃增吾憂也。」

說明

　　「鮓」是一種經過處理而能久放的醃魚，《釋名・釋飲食》中記載：「鮓，菹也，以鹽、米釀魚以為菹，熟而食之也。」鮓，又作「鯗」，《說文解字・魚部》：「鯗，藏魚也。」段玉裁則注云：「按古作鯗之法，令魚不朽壞，故陶士行遠遺其母。」當時，陶侃擔任監管人民攔水捕魚的官吏，他曾以一罈醃魚孝敬母親，不料卻遭母親封還，原來這一坩鮓菹屬於公物，因此陶母不但未加以收受，還回信嚴

---

[71] 參見嚴雲受《詩詞意象的魅力》，頁110。
[72] 參見喻守真《唐詩三百首詳析》，頁231。

責，要他不能因為身為官吏，就隨便的公器私用。整起事件藉由一個簡單的飲食類物材，即足見陶母的賢良品德，及其對子弟的深切教誨。

四、建築

以人工所建成之建築物，如橋、室、軒、齋、舍、亭台、樓閣等，即為建築類物材。

詩歌之運用

◎馬致遠〈天淨沙〉──小橋、人家

〈天淨沙・秋思〉寫的是一個遊子於暮秋時節懷念故鄉的作品。作者在曲中，用了三組自然風物，來襯托這份浪跡天涯的愁苦：

例文

　　枯藤、老樹、昏鴉。小橋、流水、人家。古道、西風、瘦馬。

說明

其中，「枯藤」句和「古道」句，都是一幅幅蕭瑟愁苦的圖景，故於情調和色彩上是統一的，但中間卻插入「小橋」句，用小橋、人家之建築類物材，以及流水之地理類物材，勾勒出使人感到安謐閒適的景象[73]。潺潺流水上的一座小

---

[73] 參考孫蓉蓉〈遊子的愁思──馬致遠〈天淨沙・秋思〉賞析〉，《國文天地》17卷10期，頁97。

橋，與彷彿透出溫暖光線與團圓歡笑聲的人家，反而更添遊子心中的愁思，黃克說：「『小橋流水人家』之所以給他以更有力的吸引，或許他的家鄉也是這樣溫暖、安適、生意盎然，不過，遠在天邊，可望而不可及。以這種悲涼的心情來體味這一『樂景』，勢必會更添一重悲涼。」[74] 王夫之在《薑齋詩話》中，就曾闡述：「以樂景寫哀，以哀景寫樂，一倍增其哀樂。」[75] 而在「小橋」句與前後兩組景物形成強烈對比下，也確實達到了「以樂景寫哀，而倍覺其哀」的美感效果。此外，就版本而言，「人家」一詞另有作「平沙」者，此是依徐征等主編《全元曲》作「人家」[76]，況且就上文所探討的意象而言，「枯藤、老樹、昏鴉」和「古道、西風、瘦馬」兩句，乃以淒清之景，正襯主人翁的流浪之苦，而「小橋、流水、人家」一句，則主要是以和樂之景，來反襯其心境，故應作「人家」為是[77]。

散文之運用

◎劉蓉〈習慣說〉──養晦堂之西偏一室

　　流蓉的〈習慣說〉一文，以「養晦堂之西偏一室」為建

---

[74] 見黃克〈小令中的天籟──〈天淨沙〉〉，《國文天地》4卷10期，頁77。
[75] 見王夫之《薑齋詩話》卷一，頁140。
[76] 見徐征等主編《全元曲》第三卷，頁1738。
[77] 參見拙作〈論辭章內容結構之單一類型──以其所適用的章法為考察重心〉，《修辭論叢（第四輯）》，頁679。

築類物材：

例文

蓉少時，讀書養晦堂之西偏一室。俛而讀，仰而思：思而弗得，輒起，繞室以旋。室有窪徑尺，浸淫日廣。每履之，足苦躓焉；既久而遂安之。一日，父來室中，顧而笑曰：「一室之不治，何以天下國家為？」命童子取土平之。

後蓉履其地，蹴然以驚，如土忽隆起者：俯視地，坦然則既平矣。已而復然；又久而後安之。

噫！習之中人甚矣哉！足履平地，不與窪適也；及其久，而窪者若平。至使久而即乎其故，則反窒焉而不寧。故君子之學貴慎始。

說明

　　作者在這篇文章中，先寫自己在少年時代，以養晦堂西側的一間小房間為書齋，再敘述讀書時，若因「思而弗得」，則會起身「繞室以旋」，然後很自然的就引渡出主題。他先從反面（室有窪），指出書房裡原有一塊窪地，每次踏經這個窟窿，總感覺到不舒服，但是久而久之卻又不以為意。直到有一天，父親前來，發現了這個現象，不但提出「一室之不治，何以天下國家為？」予以告戒，更命童子取土以填平窪地。接著，作者又就正面（室坦平），記載書房的地板填平後，反而令他「蹴然以驚」，甚至覺得地是隆起的，不過，一段時間後，又欣然安之了。而文章後半，同樣緊扣著「室」之「窪」與「平」來闡發議論，並透過這件生

活中的小事，領出一番大道理，也就是說明習慣對人的影響實在很大，進而讓人體會「學貴慎始」的深意。故見此「室」，正是全文記事和藉此生發議論的主要場景，屬於人工物材中的建築類。然而，這樣一個日常生活中再平凡不過的物材，經過作者的巧思妙手，頓使其中所蘊含的義旨，著實發人深省。

參、角色性人物

　　所謂角色性人物，是指在辭章中，藉出某種泛稱性的人物形象作為材料，以形成烘托主旨的個別意象，所以這類材料背後並不帶有事件發展或典故內涵，如果所運用的人物材料，是帶有活動或為有名有姓的特定對象，則歸為事材之類。作為物材使用的角色性人物，還可分為群類與個別兩種，前者是整體性的總稱某一人物群類，如士、農、工、商、百姓等；後者是特稱性的個別人物，如簑笠翁、白髮翁媼、鄰翁、漁者等。

詩歌之運用

◎柳宗元〈江雪〉──簑笠翁

　　這是柳宗元謫居永州時所寫的作品，詩中有著相當特殊的空間設計，整個畫面的營造，是由大而小、由底而圖的逐步凝縮：

 例文

　　千山鳥飛絕，萬徑人蹤滅。

　　孤舟簑笠翁，獨釣寒江雪。

說明

　　上聯先是描繪出高處的千山與無影無蹤的飛鳥，後是就低處寫毫無人跡的山徑，形成全詩的空間背景，而下聯所凸顯的，是一位在飄雪的江上，獨自垂釣的「簑笠翁」，這是全詩的焦點所在。事實上，子厚當時正逢遠謫，因此他是有意藉著簑笠翁的幽獨形象，來影射自己高曠孤峭的性行，王文濡在《唐詩評註讀本》中，即表示：「子厚遠謫江湖，宦情冷淡，因舉此以自況云。」[78] 李元洛在《歌鼓湘靈》中，也曾指出：詩歌表面上是在刻劃簑笠翁的身影，但實際上卻是詩人自己的孤獨形象[79]。綜括而言，作者是以傲然獨釣之簑翁，塑造出特殊的意象，再配合上整首詩的孤絕風格，暗地裡寄託了不與世俗合污的高潔心性。

散文之運用

㈠陶淵明〈五柳先生傳〉──無懷氏之民、葛天氏之民

　　在這篇用以自況的傳記式文章中，作者以仿史傳形式，於結尾透過贊語來收束全文。末二句謂：

---

[78] 見王文濡《唐詩評註讀本》卷三，頁4下。
[79] 參見李元洛《歌鼓湘靈》，頁173。

無懷氏之民歟？葛天氏之民歟？

　　無懷氏、葛天氏，為太古時代二位帝王之名，文中假「無懷氏之民」和「葛天氏之民」兩個角色性群類為材料，主要是藉著上古時代的人物，來暗喻傳主的高風亮節。吳楚材即針對此二句評註：「想見太古風味。」[80]而林雲銘也在「無懷氏」二句下，評曰：「自命羲皇上人，非晉宋間流品。」並於文末分析道：「贊末無懷葛天二句，即夷齊神農虞夏之思，暗寓不仕宋意。然以當身，即是上古人物，無採薇忽沒之歎，更覺高渾也。」[81]倪其心則說：當他酣飲暢懷、賦詩言志時，神往於理想的遠古時代，欣然於自己的內心世界，彷彿自覺成為那個空想社會的人民，而不屬於這個門閥社會，而作者特別點出這一個比喻，目的就是要進一步表明他的隱居是為堅持自己的理想志向，是一位懷有美好光明理想的志士，絕非那類無聊的假隱士可比[82]。由此足證，作者以開放性問句，透過這個角色性物材，暗指五柳先生就像是遠古時代的人民，一方面除了反映他嚮往上古時代那種逍遙自適的生活態度，而不屑於晉宋時期的門閥亂象之外，另一方面也表現出一位真隱士堅持理想的高古風範。

---

[80] 見吳楚材評、王文濡校勘《精校評註古文觀止》卷七，頁11。

[81] 見林雲銘《古文析義》，頁668。

[82] 參見倪其心〈隱士情懷，志士節操──析〈五柳先生傳〉〉，《古代抒情散文鑑賞集》，頁85。

㈡鄭燮〈寄弟墨書〉──農夫、讀書人、工人與賈人

　　作者以此封家書，表達出「堪為農夫以沒世」的旨意，勸勉後輩應以務本勤民為處世之道。其中，第二段的議論內容，占了全文相當之篇幅，這裡主要是透過農、士、工、賈之對照與比較，仔細闡述其之所以敬重農夫的緣由，文中說道：

例文

> 　　我想天地間第一等人，只有農夫，而士為四民之末。農夫上者種地百畝，其次七八十畝，其次五六十畝，皆苦其身，勤其力，耕種收穫，以養天下之人。使天下無農夫，舉世皆餓死矣。吾輩讀書人，入則孝，出則弟，守先待後，得志，澤加於民；不得志，修身見於世；所以又高於農夫一等。今則不然，一捧書本，便想中舉人，中進士，作官如何攫取金錢，造大房屋，置多田產。起手便錯走了路頭，後來越做越壞，總沒有個好結果。其不能發達者，鄉里作惡，小頭銳面，更不可當。夫束修自好者，豈無其人？經濟自期，抗懷千古者，亦所在多有；而好人為壞人所累，遂令我輩開不得口。一開口，人便笑曰：「汝輩書生，總是會說，他日居官，便不如此說了。」所以忍氣吞聲，只得捱人笑罵。工人制器利用，賈人搬有運無，皆有便民之處；而士獨於民大不便，無怪乎居四民之末也，且求居四民之末而亦不可得也。

說明

　　板橋在此節段中，先總括性的拈出章旨，謂：農夫為天地間第一等人，而士人則為四民之末，底下再分三個條目，細細述說提出此觀點的論據。首先，作者先就「實」（事實），農夫論不論其耕地或大或小，皆能勤苦奉獻，以百穀養天下人民，再就「虛」（假設），從反面指出農夫在社會上的重要性。其次，又透過古今讀書人的不同面貌和心態來談，認為過去的士人能夠兼善天下或獨善其身，實高於農夫之能養，但現在的讀書人只以金錢、名利和私欲為重，甚至有作惡鄉里的不良之徒，將一些尚且能修身自好的人都拖累了。末尾，復以工人與商人做陪，以其能製器通貨，更見士人獨獨無利於民，對國家社會無所貢獻，由此不但可以看出板橋對讀書人的評議，對於烘托主旨也起了很大的作用。以上農夫、讀書人、工人與賈人，都屬於不帶典故內涵或事件發展的「角色性群類」，作者就這樣透過「四民」之間的對比，強力凸出「堪為農夫以沒世」的心願，使文章說服力十足。

第二節　事材的運用

　　凡是發生在天地宇宙之間的事情，都可以成為辭章的材料，而所敘述的「事」，可以是經歷過的事實，也可以是歷史典故的運用，甚至可以是虛構的故事。

壹、歷史事材類

　　「歷史事材」包括引用歷史故事，和出於古代詩文資料的詞語為典故者，前者稱為「事典」，後者則為「語典」，此外，純粹的敘述故實而不作典故用者，亦屬此類。

詩歌之運用

㈠王維〈山居秋暝〉──王孫自可留

　　王維在〈山居秋暝〉中，以「先景後情」的結構，從山中氣候之舒適與自然人事之美景，表達對隱逸恬適之生活的嚮往，他在末二句的抒情節段就寫道：

例文

　　隨意春芳歇，王孫自可留。

說明

　　這兩句逆用劉安〈招隱士〉：「王孫兮歸來，山中兮不可以久留」[83]的典故，意思是說任隨春芳消歇，這裡仍有宜人的秋色在留人[84]。〈招隱士〉原是藉著描寫山中幽深險阻的惡劣環境，勸賢德之人不要久留山中，以達到招賢納士的目的，然而，王維卻在〈山居秋暝〉的末兩句，一反「王孫兮歸來，山中兮不可以久留」的原意，逕謂：「隨意春芳

---

[83] 見（梁）昭明太子編、李善注《文選》卷三十三，頁486。
[84] 參見金性堯《唐詩三百首新注》，頁185。

歇，王孫自可留」，使其歸隱之心表現得更加毅然，唐汝詢
曾對此解析道：「今春芳雖歇，山中亦自可留，當不受淮南
之招矣。」[85]王文濡也說：「山居風景，在在可愛，即無芳
草留人，而王孫亦不肯去。言外有不屑仕宦之意。」[86]足見
王維在詩末是將語典反用，藉著「山居之佳」[87]，來抒發其
閒逸之情。

㈡翁森〈四時讀書樂〉之二──北窗高臥羲皇侶

　　翁森的〈四時讀書樂〉之二，是寫夏日讀書的愉快心
境，其於五、六句，用「先果後因」的結構形容道：

> 例文
>
> 　北窗高臥羲皇侶，只因素稔讀書趣。

說明

　　正因為平時確實了解到讀書的真趣，不為名，也不為
利，故能如同羲皇時代的人一般的逍遙自適。其中，「北窗
高臥羲皇侶」一句，運用了陶淵明〈與子儼等疏〉中的名句
為語典，陶淵明在這篇寫給兒子們的書信裡說道：「少學琴
書，偶愛閑靜，開卷有得，便欣然忘食，見樹木交蔭，時鳥
變聲，亦復歡然有喜。常言五六月中，北窗下臥，遇涼風暫

[85] 見唐汝詢《唐詩解》卷之三十六，收於《四庫全書存目叢書》，頁148。
[86] 見王文濡《唐詩評註讀本》卷五，頁6上。
[87] 黃振民：「結言山中適意如此，雖春芳已歇，王孫亦自可留，蓋極
　　言山居之佳也。」見《歷代詩評解》，頁209。

至，自謂是羲皇上人。」[88]他將鄉居生活與開卷有得的閒適樂趣，透過想像來表現，更增添了文學作品的情趣與藝術性。而翁森在表達夏季讀書的樂趣時，也把自己想像成上古伏羲皇帝的友伴，心中恬淡無求，但知高臥北窗，享受閒適逍遙的人生情趣[89]。

散文之運用

(一)崔瑗〈座右銘〉——施人慎勿念，受施慎勿忘

崔瑗的這篇〈座右銘〉，將古聖先賢的智慧，內化為自己人生處世之準則，故運用了許多出自《論語》、《老子》、《晏子春秋》等書的語典，今舉出自《戰國策》的「施人受施」二句，以見一斑。本文首四句，主要在提點人我相處之道，三四句謂：

施人慎勿念，受施慎勿忘。

這兩句話，語出《戰國策·唐雎說信陵君》，《文選》李善注：「《戰國策》唐雎謂信陵君曰：『人之有德於我，不可忘也，吾之有德於人，不可不忘也。』」[90]文章記載信

---

[88] 見《箋注陶淵明集》卷八，頁68。
[89] 參見王熙元《詩詞評析與教學》，頁236。
[90] 見（梁）昭明太子編、李善注《文選》第五十六卷，頁785。

陵君殺晉鄙，保存了趙國，在趙王往迎時，唐雎對信陵君發出「施恩勿念」、「功成不居」的警戒之語，崔瑗則是藉以自勉應謹守「施恩勿念，受施勿忘」的待人處事之道。

㈡司馬遷〈張釋之執法〉──執法過程

本文記載了張釋之審問犯蹕被補的百姓，並依法判罪的經過，文云：

例文

釋之為廷尉。上行出中渭橋，有一人從橋下走出，乘輿馬驚。於是使騎捕，屬之廷尉。

釋之治問。曰：「縣人來，聞蹕，匿橋下。久之，以為行已過，即出，見乘輿車騎即走耳。」廷尉奏當，一人犯蹕，當罰金。

文帝怒曰：「此人親驚吾馬；吾馬賴柔和，令他馬，固不敗傷我乎？而廷尉乃當之罰金！」

釋之曰：「法者，天子所與天下公共也。今法如此而更重之，是法不信於民也。且方其時，上使立誅之則已。今既下廷尉，廷尉，天下之平也，一傾而天下用法皆為輕重，民安所錯其手足？唯陛下察之。」

良久，上曰：「廷尉當是也。」

說明

這是選錄自《史記》的一篇文章，張釋之是漢文帝時的名臣，司馬遷在《史記・張釋之馮唐列傳》中，記載了他的事蹟，由於已屬前代史事，故歸入歷史事材之列。文章單用

敍事，主要是依事件發展的先後順序形成結構，並以對話穿插其中，一方面避免平鋪直敍的單調，一方面也以配合角色的口吻，使文章讀來如見其人。作者選擇了可靠而重要的史料，不假議論的客觀敍述，忠實呈現，即能讓人於言外了解到張釋之尊重法律、行事公正的賢明品德[91]。

(三)劉禹錫〈陋室銘〉——「南陽諸葛廬，西蜀子雲亭」
　　與「孔子云：何陋之有」

　　劉禹錫的〈陋室銘〉全文如下：

例文

　　　山不在高，有仙則名；水不在深，有龍則靈；斯是陋室，惟吾德馨。苔痕上階綠，草色入簾青。談笑有鴻儒，往來無白丁。可以調素琴，閱金經。無絲竹之亂耳，無案牘之勞形。南陽諸葛廬，西蜀子雲亭。孔子云：「何陋之有？」

說明

　　這篇文章由室中景、室中人，一路寫到室中事，凸顯了人之有德能使陋室不陋的道理。行文至此，主意似已說盡，但作者卻在末四句，繼續引用歷史事材，將文章的內涵推深、推廣。

　　首先是「南陽諸葛廬，西蜀子雲亭」兩個事典，吳楚材註：「孔明居南陽草廬，揚子雲居西蜀，有元亭。」[92]諸葛

---

[91] 參考《國中國文教師手冊》第三冊，頁103。

廬指的是三國諸葛亮隱居在南陽時所住的草廬，子雲亭則是
西漢揚雄所住過的元亭，作者引用這兩個居處，是為比況自
己的陋室，證明主人的品德高尚，則能忘其室之陋，林雲銘
在解析其作用時即說道：「取古今最著名之室以為比見，廬
以諸葛重，亭以子雲重，原不較其室之陋不陋也。應上惟吾
德馨句。」[93]透過類比，確實能「豐富了文章的內容，加重
了主題的份量，使作品又多了一層波瀾。」[94]另外，這兩個
事典的運用，還隱含著一積極的意義，顧漢松說：「孔明隱
居隆中，但心懷神州政局，結果做出了一番驚天動地的大事
業。揚子雲蟄居西蜀，精心著述，終於成為一代的學術宗
師。劉禹錫的〈陋室銘〉，絕非遊戲文章，它不僅是作者內
心高潔傲岸情操的真誠流露，同時也隱含著身處逆境而不忘
畢生抱負的卓越情懷。通過與諸葛亮、揚雄兩個『陋室』的
對比，進一步深化了前面『唯吾德馨』的判斷語。」[95]

其次是「孔子云：何陋之有」的語典。此語出自《論
語・子罕》十四章：「子欲居九夷。或曰：『陋，如之何？』
子曰：『君子居之，何陋之有？』」不過，作者巧妙的藏住
了頭一句，只顯示出「何陋之有」的部分，令讀者在閱讀
時，需透過原典的挖掘，才能體悟到「君子居之」這一層意
思，無形中更增添了文章的含蓄美[96]，林雲銘謂：「末引夫

---

[92] 見吳楚材評註、王文濡校勘《精校評註古文觀止》卷七，頁36。
[93] 見林雲銘《古文析義》卷五，頁270。
[94] 見李如鸞〈短小、精粹、雋永──劉禹錫〈陋室銘〉賞析〉，《國
文天地》4卷9期，頁76。
[95] 見王國安主編《古代散文賞析》，頁164。

子何陋之言，隱藏君子居之四字在內，若全引便著跡。」[97]
對於〈陋室銘〉在事材上的運用技巧，陳滿銘曾綜合性的提
出：「至於『南陽諸葛廬』四句，乃屬後一個『凡』，透過
事典與語典之使用，作一番頌揚，暗含『君子居之』的意
思，回抱頭一個『凡』之『德』字收結，結得高古有力。」[98]
這裡結合了章法的觀念，將文末所運用的歷史事材，在作
用、寓意和義旨的呼應上，都作了扼要的分析。

(四)胡廣〈文天祥從容就義〉──文天祥事蹟

　　由於這是一篇史傳，因此作者徵集了傳主──文天祥的
事蹟，據實呈現其從容赴刑的過程，以盛讚他的大忠大節。
文云：

例文

> 　　初八日，召天祥至殿中。長揖不拜。左右強之，堅
> 立不為動。極言宋無不道之君，無可弔之民；不幸母老
> 子弱，權臣誤國，用舍失宜，北朝用其叛將、叛臣，入
> 其國都，毀其宗社。天祥相宋於再造之時，宋亡矣，天
> 祥當速死，不當久生。

---

[96] 李如鸞：「本文以孔子的話作結，是為了『援古以自重』，用來突
出君子居之、陋室不陋的主旨。不過，作者有意不引『君子居之』
四個字，只引『何陋之有』，而把『君子居之』這層意思暗含其
中。這樣寫，不露痕跡，頗有餘味。」見李如鸞〈短小、精粹、雋
永──劉禹錫〈陋室銘〉賞析〉，《國文天地》4卷9期，頁76。

[97] 見林雲銘《古文析義》卷五，頁270。

[98] 見陳滿銘《文章結構分析》，頁65。

上使諭之曰：「汝以事宋者事我，即以汝為中書宰相。」天祥曰：「天祥為宋狀元宰相，宋亡，惟可死，不可生，願一死足矣。」又使諭之曰：「汝不為宰相，則為樞密。」天祥對曰：「一死之外，無可為者。」遂命之退。

明日有奏：「天祥不願歸附，當賜之死。」麥朮丁力贊其決，遂可其奏。

天祥將出獄，即為絕筆自贊，繫之衣帶間。其詞曰：「孔曰成仁，孟云取義；惟其義盡，所以仁至。讀聖賢書，所學何事？而今而後，庶幾無愧！」過市，意氣揚揚自若，觀者如堵。臨刑，從容謂吏曰：「吾事畢矣。」問市人孰為南北，南面再拜就死。俄有使使止之，至則死矣。見聞者無不流涕。

說明

　　文中單以敘事之內容寫成。這裡的敘事材料，屬於純粹的歷史事材，重點在呈現歷史人物的故實，而不作典故用。其細節大致是依事件發展的先後來組織，由「初八日」到「不當久生」，寫文天祥兵敗被俘後，但求速死，堅立不為所動的決心。自「上使諭之」至「遂可其奏」，寫他因不願歸順而被處以死刑的結果。最後，自「天祥將出獄」至「無不流涕」止，分「出獄」、「過市」、「臨刑」、「使至」四節，具體記載他從容赴刑的經過。本文於篇內雖不雜以議論，但主人翁成仁取義、忠君愛國的精神，卻透過詳實的歷史事材，達到撼動人心的力量。

㈤李文炤〈勤訓〉──邵子云:「一日之計在於晨,
一歲之計在於春,一生之計在於勤。」

李文炤的〈勤訓〉開篇寫道:

例文

> 治生之道,莫則尚乎勤,故邵子云:「一日之計在
> 於晨,一歲之計在於春,一生之計在於勤。」言雖近而
> 旨則遠矣。

說明

　　本文的主旨在勉人應勤勉不懈,核心理語就在篇首的
「治生之道,莫則尚乎勤」二句,隨後作者又引了邵雍的話
作為論證,以加強文章的說服力。這句話出自邵雍的《伊川
擊壤集‧觀事吟》,原文載道:「一歲之事慎在春,一日之
事慎在晨,一生之事慎在少,一端之事慎在新。」[99]作者主
要是藉由此語典,強調一個人若能體悟「人生在勤」的道
理,並力行不倦,才能有所成。文句雖略有不同,但在勸人
珍惜光陰,積極進取的用意上,確是達到言簡意賅的效果。

貳、現實事材類

　　剛發生或時隔不久的事實,即為現實事材類。

---

[99] 見邵雍《伊川擊壤集》卷十六,頁118。

詩歌之運用

◎杜甫〈聞官軍收河南河北〉──劍外忽傳收薊北

　　此詩旨在寫「聞官軍收河南河北」後「喜欲狂」之情[100]。全詩謂：

例文

　　　　劍外忽傳收薊北，初聞涕淚滿衣裳。
　　　　卻看妻子愁何在，漫卷詩書喜欲狂。
　　　　白日放歌須縱酒，青春作伴好還鄉。
　　　　即從巴峽穿巫峽，便下襄陽向洛陽。

說明

　　作者在篇首即以「劍外忽傳收薊北」一句，運用了現實事材，以交代詩作的時空背景。「劍外」指四川劍門山以外，「薊北」泛指河北北部。唐寶應元年十月，代宗命雍王李适率軍追討安史叛軍，十一月叛軍將領薛嵩、張忠志等先後投降，河南平。寶應二年正月（七月改元廣德），李懷仙以幽州降唐，田承嗣亦以魏州降，史朝義則遭唐朝官兵圍剿，敗走莫州，復於前往幽州途中，為李懷仙兵追及，途窮自縊，河北遂平[101]。歷經三朝（玄宗、肅宗、代宗）延續七年，造成多少生民塗炭的安史之亂終於平定了，飽受戰亂流

---

[100] 見陳滿銘《文章結構分析》，頁38。
[101] 參見《新唐書》卷六〈本紀〉第六。

離之苦的杜甫在梓州得知了這個喜訊，內心的狂喜激動可想而知，這首〈聞官軍收河南河北〉便深刻地反映了他當時的心情[102]。

散文之運用

(一)《世說新語・德行第一》（華歆王朗俱乘船）——俱乘船避難

本文用以記載華歆、王朗一同乘船逃難時，於途中所發生的事件，並藉此現實事材，將處事應慎始慎終的主旨置於篇外。文中敘說：

例文

> 華歆、王朗俱乘船避難，有一人欲依附，歆輒難之。朗曰：「幸尚寬，何為不可？」後賊追至，王欲舍所攜人。歆曰：「本所以疑，正為此耳。既已納其自托，寧可以急相棄邪？」遂攜拯如初。

說明

作者先以兩人「俱乘船避難」為引子，再依時間先後陳述事件主體，也就是先寫有一個陌生人欲投靠他們，華歆感到有些為難，但王朗卻未經考慮就一口答應，接著再寫賊兵追至，王朗竟因情勢危急而想拋棄此人，最後經華歆分析事

---

[102] 參見沈秋雄〈一首喜心翻倒的詩——杜甫〈聞官軍收河南河北〉賞析〉，《國文天地》4卷12期，頁98～99。

理後，才一如初衷的同往避難。兩人面對同一情境，但處理的方式和態度卻天差地別，不僅使文章形成了鮮明的對比，透過文末一句「世以此定華、王之優劣」作收，也將一番待人處事之道含蓄點出。

㈡歐陽脩〈賣油翁〉──軼事一則

　　本文選自《歸田錄》，《歸田錄》原就以記「朝廷之遺事，史官之所不記，與士大夫笑談之餘而可錄者錄之」為主，這篇文章寫的就是一位賣油翁與陳堯咨之間，所發生的一段軼事，故事說：

例文

　　陳康肅公善射，當世無雙，公亦以此自矜。

　　嘗射於家圃，有賣油翁釋擔而立，睨之，久而不去，見其發矢十中八九，但微頷之。

　　康肅問曰：「汝亦知射乎？吾射不亦精乎？」翁曰：「無他，但手熟爾。」康肅忿然曰：「爾安敢輕吾射！」翁曰：「以我酌油知之。」乃取一葫蘆置於地，以錢覆其口，徐以杓酌油瀝之，自錢孔入，而錢不濕。因曰：「我亦無他，惟手熟爾。」康肅笑而遣之。

說明

　　陳康肅，名堯咨，字嘉謨，宋真宗咸平時進士，精於射箭。作者在首段，就點出了他的專長和自得意滿的態度，下文則從賣油翁「觀射」和「瀝油」兩件事，記述賣油翁與陳堯咨的對話與動作。由於記載的是當代的事，陳堯咨亦確有

其人，故此屬現實事材之類。通篇不見議論性之理語，而是以此現實性的事材，鋪陳為一篇之內容，透過敘述故事的方式，從篇外帶出「技高惟手熟，故不需自矜」的道理。

(三)沈復〈兒時記趣〉——憶童稚時

這篇文章是作者敘述自己於童年時，常常能靜觀萬物，而獲得許多生活上的樂趣。這種回憶式的敘事內容，就是一種典型的「現實事材」。本文是以先總括後條分的結構成篇：

例文

　　余憶童稚時，能張目對日，明察秋毫。見藐小微物，必細察其紋理，故時有物外之趣。

　　夏蚊成雷，私擬作群鶴舞空，心之所向，則或千或百，果然鶴也；昂首觀之，項為之強。又留蚊於素帳中，徐噴以煙，使之沖煙飛鳴，作青雲白鶴觀；果如鶴唳雲端，為之怡然稱快。

　　又常於土牆凹凸處、花臺小草叢雜處，蹲其身，使與臺齊；定神細視，以叢草為林，蟲蟻為獸；以土礫凸者為丘，凹者為壑，神遊其中，怡然自得。

　　一日，見二蟲鬥草間，觀之，興正濃，忽有龐然大物，拔山倒樹而來，蓋一癩蝦蟆也。舌一吐而二蟲盡為所吞。余年幼，方出神，不覺呀然驚恐。神定，捉蝦蟆，鞭數十，驅之別院。

說明

　　具總括性的首段，先點出從「細察紋理」（因）而得「物外之趣」（果），由二段至篇末，則分「夏蚊」、「蟲蟻」、「癩蛤蟆」三目，具體的說明因「細察紋理」而獲致「物外之趣」的內容。綜括而言，文中的整個敘事材料，都是以「趣」字來貫串脈絡，使全文形成統一。

參、虛構事材類

　　虛構的事材包括設想未來或遠處情況、做打算與計劃、假設情境，和心中的願望、虛幻的夢境，以及透過藝術想像編造非真實的事，如神話、寓言、遊仙、幻想等[103]。在國中國文教材中，就有許多篇章是藉虛構故事以表達作者的見解或義理者。

詩歌之運用

◎杜甫〈客至〉假設性事材

　　這首抒寫客至之喜的詩作，在後半敘事的部分，是以「先實後虛」的結構寫成，也就是先實寫客人到來與款待之宴飲，然後在尾聯虛寫道：

　　肯與鄰翁相對飲，隔籬呼取盡餘杯。

---

[103] 見拙作《虛實章法析論》，頁189～250。

說明

　　作者在此是假設一情境，由欲邀鄰翁對飲，來加強客至的愉悅氣氛。喻守真在《唐詩三百首詳析》中就指出：「末聯忽轉別意，欲邀取鄰翁同飲，在文字上可說是峰迴路轉，別開境界。」[104]而劉鐵冷在《作詩百法》中，也曾針對這兩句評析說：「第七、八句忽然想到鄰翁作陪，情外有情。」[105]詩中以這個假設性的虛構事材，寫主人想邀隔籬的野老來一同盡興，正顯見詩人的情意深長，興致甚高[106]，足見此一事材有著增加情味力量的作用。

散文之運用

(一)〈精衛填海〉──神話

　　這是一篇取自《山海經》的古代神話，故事是說：

> ### 例文
>
> 　　又北二百里，曰發鳩之山，其上多柘木。有鳥焉，其狀如烏，文首，白喙，赤足，名曰精衛，其鳴自詨。是炎帝之少女名曰女娃。女娃游于東海，溺而不返，故為精衛，常銜西山之木石，以堙于東海。

---

104 見喻守真《唐詩三百首詳析》，頁231。
105 見劉鐵冷《作詩百法》卷上，頁94。
106 參見嚴雲受《詩詞意象的魅力》，頁110。

說明

　　炎帝的女兒，名為女娃，一次到東海去遊玩，卻不幸溺斃，再也無法返回，死後，他化為一隻精衛鳥，形如烏鴉，有著花紋頭、白嘴、與紅足，住在北方的發鳩山上，為與大海抗衡，常銜著小樹枝和小石子，投到東海裡去，想要把滄海給填平。故事雖然簡單，但其中所蘊含的精神，卻使文章發出無限的感染力量，袁珂說：「這樣一隻小鳥，在波濤洶湧的海面上，從高高的天空中，投下一段小枯枝，或是一粒小石子，要想填平大海，這是多麼悲壯！我們誰不傷念這早夭的少女？又誰不欽佩她的堅強志慨？」[107]試想，一隻小小的鳥兒，與浩瀚的大海比較起來，是何等的微不足道，然而，精衛仍毫不畏懼大自然，勇敢的向大海挑戰。本文正是透過虛構的事材，表達一種堅毅精神，並「反映了遠古先民征服大自然，追求更加美好生活的強烈願望」[108]。

(二)〈刻舟求劍〉——寓言

　　寓言故事多半是為寄託某種深刻的道理杜撰而來，因非真實發生的事件，故屬「虛構事材」。

　　《呂氏春秋》集結了許多春秋戰國時期的寓言故事，〈刻舟求劍〉即是其一。文章敘事的部分寫道：

---

[107] 見袁珂《中國古代神話》，頁42～43。
[108] 見王桂蘭《遙遠的故事——古代神話傳說》，頁101。

例文

　　楚人有涉江者，其劍自舟中墜於水，遽契其舟，曰：「是吾劍之所從墜。」舟止，從其所契者入水求之。

說明

　　本段乃先點出有一個楚國人乘船過江，然後再就時間先後，詳述其因劍墜江中，而於船邊刻作記號，並於船靠岸後，入水尋找的過程。這樣異想天開的作法，明理人必覺不可思議，如此一來，就使整個虛構事材有了衝突點，進而引起人們的審美注意，並對其中所隱含的啟示進行思考。王恒展等人在解釋本文的寓意時就說：「這則寓言尖銳諷刺了那些不顧客觀實際的發展變化，不知變通的愚蠢之士。」[109]因此，若昧於形勢，不顧事實，而採用了錯誤的方法，則行事必然徒勞無功[110]。

(三)列子〈愚公移山〉——寓言

　　〈愚公移山〉是一篇相當著名的寓言故事，全文僅呈現虛構故事，屬於不在篇內點明道理的正體寓言，文云：

例文

　　太形、王屋二山，方七百里，高萬仞，本在冀州之南、河陽之北。北山愚公者，年且九十，面山而居，懲

---

[109] 見王恒展等《中國古代寓言大觀》，頁188。
[110] 參見康軒版《國中國文》第一冊，頁61～64。

山北之塞，出入之迂也，聚室而謀曰：「吾與汝畢力平險，指通豫南，達于漢陰，可乎？」雜然相許。

其妻獻疑曰：「以君之力，曾不能損魁父之丘，如太形、王屋何？且焉置土石？」雜曰：「投諸渤海之尾、隱土之北。」遂率子孫荷擔者三夫，叩石墾壤，箕畚運於渤海之尾。鄰人京城氏之孀妻有遺男，始齔，跳往助之；寒暑易節，始一反焉。

河曲智叟笑而止之曰：「甚矣，汝之不慧！以殘年餘力，曾不能毀山之一毛，其如土石何？」北山愚公長息曰：「汝心之固，固不可徹，曾不若孀妻弱子。雖我之死，有子存焉；子又生孫，孫又生子；子又有子，子又有孫；子子孫孫，無窮匱也；而山不加增，何苦而不平？」河曲智叟亡以應。

操蛇之神聞之，懼其不已也，告之於帝。帝感其誠，命夸蛾氏二子負二山，一厝朔東，一厝雍南。自此冀之南，漢之陰，無隴斷焉。

說明

這篇寓言選自《列子‧湯問》，主要以層層的因果邏輯來敘事，可大別為四個段落，前三段由立志，寫到自助與人助，是「因」，最後一段是「果」，記天神感其精神而助其完成移山願望。從愚公堅定的意志、充滿哲理的辯言、與貫徹始終的行動中，使這則寓言的啟示得到充分的展現，也可以說，透過故事在種種矛盾顯現，又一一化解的過程中，將篇內的事材與篇外的道理，作了最好的結合。

(四)《世說新語·忿狷第三十一》（王藍田性急）——假設性事材

　　這則短文記載了王藍田與雞蛋奮戰不休的過程，藉此以見其急躁的個性。文章在開門見山的提出「王藍田性急」後，就展開了敘事的內容，這個節段是以「點染點」的結構來處理事材，也就是先以「食雞子」作為引子，再依時間先後詳述吃蛋過程，最後再記王右軍之語為尾聲，而文中的假設性事材，就出現在末尾：

例文

　　王右軍聞而大笑曰：「使安期有此性，猶當無一豪可論，況藍田邪？」

說明

　　此部分先以「王右軍聞而大笑曰」為「點」，以引出後半說話的內容，「使安期」以下即為「染」，是主體所在。安期名承，是王藍田的父親，這句話是說：王承的才德勝過藍田，但如果有了這樣的急性子，也將毫無好處值得人談論讚揚，更何況是藍田。作者在此用了一個「使」字，即令此事材具有假設性，雖然藍田不至於是「無一豪可論」之人，但透過作者所運用的虛構事材與誇張筆法，卻更加強調了為人應戒性急的一番道理。

(五)彭端淑〈為學一首示子姪〉——蜀鄙二僧之故事

　　本文是以「論敘論」的結構成篇，提出為學之道就在

「力學不倦」，但為避免說理太過空泛，故作者特於文章中段，敘述一個簡短卻富有深意的故事為例，其云：

> **例文**
>
> 　　蜀之鄙有二僧，其一貧，其一富。貧者語於富者曰：「吾欲之南海，何如？」富者曰：「子何恃而往？」曰：「吾一瓶一缽足矣。」富者曰：「吾數年來欲買舟而下，猶未能也。子何恃而往？」越明年，貧者自南海還，以告富者，富者有慚色。

說明

　　作者特舉西蜀二僧，一至南海而一否的故事，即是要證明肯努力的終能成功，不肯努力的，就算條件再好，亦必將失敗的道理[111]，舉例貼切，並且也呼應了首段「為之則易，不為則難」的章旨。而全文有了敘事的潤滑，使得抽象的議論能更加明白曉暢，所謂「說理之文，以論事出之，則無微不顯。」[112]就是這個道理。

---

[111] 參見陳滿銘《章法學新裁》，頁518；及南一版《國中國文》第三冊，頁127～128。

[112] 見李紱〈覆方望溪論評歐文書〉，《古文法纂要》，頁209。

───── ∽ 第四章 ∽ ─────

教學活動篇

　　本章乃由前文之教材分析，延伸至實際的教學活動。在範疇上，是以辭章之內容結構，也就是「意」（情、理）與「象」（事、景）之掌握與運用為主。在作法上，則是秉持統整教學之概念，含國語文學科本身之統整，及其與其他領域學科之統整，以設計大的教學活動架構為主，並附教學目的、活動流程、注意事項及實例舉隅，期使教師能參酌此骨架，配合課程，自由填入教學內容，靈活運用，以提高教學成效。以下即就主題統整、材料收集、意與象的聯結、類文閱讀、新式作文練習、國文科際整合等教學活動，分述如下。

第一節
活動一：主題列車——主題的統整教學

一、教學目的

　　1、對於各篇課文的主要義旨，能作統整性的理解。

　　2、系統的融貫觀念，並能於同中求異[1]，培養宏觀與微觀之思考能力。

二、進行方式

1、完成預習學習單。

2、問題討論。

三、教學流程及注意事項

1、選擇主題：

依辭章內容結構之核心成分——「情」與「理」進行選取，如喜樂、閒適、思鄉等偏向抒情的主題，或議論、勸勉、處事等偏於說理的主題。

2、設計課前預習之學習單：

指導學生依指定的主題，搜尋課內外相關篇什，作一初步的統整工作。

3、復習重點：

提點所選課文（或課外補充之詩文）之作者、寫作背景、主旨（包括安置的位置與顯隱）、材料等重要的教材內容。

4、進行問題討論：

設計若干內容深究之問題，並製成問題條，分配予各組進行討論與報告，最後由教師針對討論之內容，加以釐清與統合。

---

[1] 潘麗珠：「『統整』係就不同篇章淬取其題材同質性，手法承襲性，或發展淵源性等，同時還須觀照作品之間的差異性與特殊性。」見《國語文教學活動設計》，頁126。

四、教學示例——以「思鄉」主題（課內）為例

1、製作主題統整表：

「思鄉」主題統整表

序號	作者	篇目	文體	主旨	安置	顯隱
1	王維	雜詩	詩	思念故鄉	篇外	全顯
2	張繼	楓橋夜泊	詩	客旅異地之愁思	篇腹	全顯
3	周邦彥	浣溪沙	詞	久滯不得歸	篇末	全顯
4	馬致遠	天淨沙	曲	浪跡天涯的愁苦	篇末	全隱

2、各篇內容全文：

(1)王維〈雜詩〉：

　　君自故鄉來，應知故鄉事。

　　來日綺窗前，寒梅著花未？

(2)張繼〈楓橋夜泊〉：

　　月落烏啼霜滿天，江楓漁火對愁眠。

　　姑蘇城外寒山寺，夜半鐘聲到客船。

(3)周邦彥〈浣溪沙〉：

　　樓上晴天碧四垂，樓前芳草接天涯，勸君莫上最高

　　梯。　　新筍已成堂下竹，落花都上燕巢泥，忍聽林

　　表杜鵑啼。

(4)馬致遠〈天淨沙〉：

> 枯藤、老樹、昏鴉。小橋、流水、人家。古道、西
> 風、瘦馬。夕陽西下。斷腸人在天涯。

3、問題討論：

問題一：
試從四篇作品的寫作背景，推敲思鄉主題之成因。

問題二：
這些詩作的主旨為何？若主旨在篇內，則其表現主旨之詞句
或段落何在？在表現的深淺方面，有無顯隱的不同？

問題三：
挑出以上所舉之詩作中，重要而鮮明的材料。這些材料在表
現主旨上，有什麼特殊的作用？

問題四：
上述作品，在文體上包含五言絕句、七言絕句、詞、曲（小
令），這些體裁各有什麼特色？

問題五：
試著說出這四篇作品在內容結構（情、理、事、景）上，各
具備了哪些成分？作者又是如何安排與組織的？（如：王維

〈雜詩〉為「單事」、張繼〈楓橋夜泊〉除「對愁眠」為「情」，餘皆屬「景」之成分）

第二節
活動二：材料資源庫——材料統整活動

一、教學目的

1、了解辭章內容結構中的材料類別。

2、在翻找實例的過程中，增加閱讀機會，訓練理解力。

3、體會「象」（材料）與「意」（主旨）之間的關係。

4、明白同一種材料可能具有不同意象。

5、經由統整，化零為整，建立資料庫。

二、進行方式

將學生分組，合作完成「材料統整表」[2]。

三、教學流程及注意事項

1、選擇幾項材料作為教學活動之主要內容：

　　(1)參考課程進度與內容。

　　(2)依辭章內容結構之外圍成分——「物材」及

---

[2] 另可縮小範圍，就單一物材進行相關教學活動，如配合〈愛蓮說〉，收集「花語」（參見潘麗珠《國語文教學活動設計》，頁20；及林志偉〈花語人生〉，《Great Teach 2002 創意教學方案發表會》，頁43～44）；又如配合〈記承天寺夜遊〉、〈鳥鳴澗〉、〈山居秋暝〉等篇，可收集與「月」相關之成語、歌曲等。

「事材」之分類選取[3]。

a、物材：

可選擇統稱性、大範圍者，如：植物類、季節類、器物類……等，亦可選擇特稱性、小範圍者，如：草類、月類……等。

b、事材：

可依大類（歷史事材、現實事材、虛構事材），亦可擇其中一小類，如虛構事材中的寓言類……等。

2、規定文類與選文範圍：

(1)限制詩歌、散文，或不限詩文，另可考慮僅限古典或不限古典現代。

(2)僅限課內或不限課內外。

3、製作表格，供學生參考：

(1)統整表的內容大致可含下列數項內容：

材料類別、實例（作者、作品、主要詞句）、作用……等，例表如下：

材料統整表——（　　　　　）類

序號	實例			作用
	作者	篇目	相關詞句	
1				
2				

---

[3] 參見本書第三章。

(2)表格統一，對於活動的進行，將較為方便。

(3)規定以電腦繕打或手寫。

(4)指導實例的排序原則，如依朝代，或依文體……
　等。

(5)將關鍵字詞以特殊記號標示出來。

(6)為免勞逸不均，教師可要求各小組於作業末尾，
　附上小組分工表。

4、公開於課堂上討論

5、教師指導觀念之釐清，並進行修改

6、收集各組成果，製成小冊，人手一本

四、教學示例——古典詩歌鳥類材料統整表（課內）[4]

古典詩歌鳥類材料統整表

序號	實例			作用
	作者	篇目	相關詞句	
1	白居易	慈烏夜啼	慈烏復慈烏，鳥中之曾參	以慈烏知反哺，勸人盡孝道
2	王維	鳥鳴澗	月出驚山鳥，時鳴春澗中	以動顯靜，烘托閒情
3	柳宗元	江雪	千山鳥飛絕	孤絕意象
4	張繼	楓橋夜泊	月落烏啼霜滿天	烏鴉夜啼的淒冷蒼涼，使旅愁倍覺凝重
5	杜甫	客至	但見群鷗日日來	象徵閒淡的生活，並引出「客至」之題旨
6	周邦彥	浣溪沙	忍聽林表杜鵑啼	有家歸未得的愁思

---

[4] 另可參考「台南市後甲國中國文加油站」網站所列之「詩句與季節」整理表。

五、延伸活動——分組對抗賽

1、教學目的：

透過遊戲，提昇學生的學習動力，並藉以了解其學習成果。

2、教具製作：

(1)將全開海報，依材料統整表，畫上空格，並在空格中黏上魔鬼氈。

(2)選擇好比賽主題後，製作相關字詞卡，護貝後，於背面黏上魔鬼氈。

(3)字詞卡除正確答案外，可延伸課外的詩文實例，或一些似是而非的內容，前者可補充舊的學習經驗，後者可考驗學生審辨力。

(4)海報紙畫好格子後，可加卡點西德保護膜，以方便更換主題時，可重覆使用。

3、規則：

(1)分為兩大組。

(2)教師將某些空格貼上字詞卡，部分留下空格。

(3)由學生分組依次上台，選取字詞卡，貼到正確的空格中。

(4)答對記加分一點，錯誤則扣一點。

第三節

活動三：意象新世界──意與象的聯結教學

一、教學目的

1、了解「意」與「象」之間的關係。

2、訓練有關構思、立意、運材之寫作能力。

二、進行方式

1、收集資料，完成整理表。

2、意象的聯想練習。

3、新詩集體創作遊戲。

三、教學流程及注意事項

以下依製作整理表、聯想遊戲、集體創作等三種意象聯結的教學活動，分述如下：

1、由「意」尋「象」的資料整理表

(1)設計「意與象的聯結」整理表，例表如下：

意與象的聯結──（　　　　　）情意與材料

序號	使用物材	作用	例證篇目	相關詞句
1				
2				

(2)選定某一情意為活動主題。

(3)指導學生收集詩文資料，並找出其中所使用的重要材料。

(4)就學生所填寫的內容，進行討論與修改。

(5)教學示例──離別情意及其相關材料，例表如下：

意與象的聯結——（離別）情意與材料[5]

序號	使用物材	作用	例證篇目	相關詞句
1	草	以草的漫生無際，襯托出離愁之多	王維〈送別〉	春草明年綠，王孫歸不歸
2			李煜〈清平樂〉	離恨恰如春草，更行更遠還生
3			范仲淹〈蘇幕遮〉	芳草無情，更在斜陽外
4	柳	柳與「留」諧音，古有折柳贈別之俗，故柳有象徵別情之意	王昌齡〈閨怨〉	忽見陌頭楊柳色，悔叫夫婿覓封侯
5			劉尚書〈楊柳枝詞〉	長安陌上無窮樹，唯有垂楊管別離
6			周邦彥〈蘭陵王·柳〉	柳陰直，煙裡絲絲弄碧……應折柔條過千尺
7	流水	以江水之長，表離思之無涯盡	李白〈黃鶴樓送孟浩然之廣陵〉	惟見長江天際流
8			李白〈金陵酒肆送別〉	請君試問東流水，別意與之誰短長
9			蘇軾〈虞美人〉	無情汴水自東流，只載一船離恨，向西洲
10	蠟燭（蠟淚）	透過移情作用，以蠟淚象徵情淚，渲染離愁	王維〈雜詩〉	蠟燭有心還惜別，替人垂淚到天明
11			李商隱〈無題〉	春蠶到死絲方盡，蠟炬成灰淚始乾
12			溫庭筠〈更漏子〉	玉爐香，紅蠟淚……不道離情正苦

[5] 部分詩例參見陳滿銘《章法學新裁》，頁230～238；蕭瑞峰《多情自古傷離別——古典文學別離主題研究》，頁123～162；王立《心靈的圖景——文學意象的主題史研究》，頁50、206。

2、意象的聯想練習：

(1)設計意象聯想學習單：

a、由物材聯想另一物材與情緒：

例如：

物材	→	第一聯想物	→	情緒的聯想
山洞	→	水滴	→	思念
照片	→	（　）	→	（　）
燈	→	（　）	→	（　）
袋子	→	（　）	→	（　）

b、由事材聯想情緒：

例如：

事材	→	情緒的聯想
考試	→	（緊張、壓力）
郊遊	→	（　）
游泳	→	（　）
打電動	→	（　）

c、由情緒聯想事材：

例如：

情緒的聯想	→	事材
興奮	→	（得獎）
失望	→	（　）
生氣	→	（　）
感動	→	（　）

(2)分組討論與報告分享。

3、新詩集體創作遊戲[6]：

　　(1)以全班同時進行之步驟：

　　　a、選定一「意」為主題。

　　　b、將學生所聯想到的相關詞彙（包含意與
　　　　　象），記錄於黑板。

　　　c、一一分析後，將所有的詞彙作篩選。

　　(2)以分組方式進行之步驟：

　　　a、由詞而句。

　　　b、安排組織。

　　　c、修改美化。

　　　d、擬定詩題。

　　(3)其他注意事項：

　　　a、篇幅句數不必太長，但求靈活貼切的使用意
　　　　　象、表達情意。

　　　b、注意避免只是堆砌雜亂的材料，而是需根據
　　　　　所欲表達的主旨意涵，選擇材料，並於章
　　　　　法、修辭等層面，作出適當的處理。

　　　c、若考量學生能力或授課時數之限制，可先以
　　　　　動、植物等物材或意念為描寫對象，練習寫

---

[6] 參考蕭蕭《現代詩遊戲》、楊昌年《現代詩的創作與欣賞》、潘麗珠
《臺灣現代詩教學研究》、張春榮《作文新饗宴》、仇小屏《詩從何處
來》等。

簡單、有內容、有詩意的句子[7]。

第四節
活動四：觸類旁通——類文閱讀活動

一、教學目的

1、能針對指定重點，搜尋相關資料。

2、旁徵博引，藉由相似類文，以加強觀念與增進閱讀
能力。

3、輔助課內精讀教材之廣度[8]。

二、進行方式

1、收集相關篇章。

2、教師導讀。

3、設計內容深究問題，進行分組討論。

三、教學流程及注意事項

1、指定方向，指導學生搜尋類文，如：

(1)與課文表現相似之情意思想者。

(2)在主旨的安置和顯隱方面具有同樣之藝術技巧
者。

(3)呈現相同之內容結構（或章法）者。

---

[7] 參見陳啟佑〈欲把金針度與人——如何教學生寫新詩〉，《國文天地》
106期，頁83～91。

[8] 參見黃錦鋐先生《國文教學法》，頁260。

2、以選擇適合學生程度之詩文為主，若篇幅較長，亦可節錄某節段即可。

3、若時間不足，可省略由學生找資料的步驟，直接由教師提供相關類文。

4、將找到的各篇類文，影印剪貼或繕打。

5、教師進行導讀。

6、進行內容深究，包括：設計問題，分組討論，發表與共同討論。

四、教學示例

1、與課文表現相似之情意思想者——以「為學類」主題為例：

(1)課內相關篇目：

主題類別	作　者	篇　　目	主　　旨
論述為學道理	彭端淑	為學一首示子姪	不自限其昏與庸而力學不倦，自立者也
	劉蓉	習慣說	君子之學貴慎始

(2)相關類文：

主題類別	作　者	篇　　目	主　　旨
論述為學道理	韓愈	師說	古之學者必有師。師者，所以傳道、受業、解惑也。
	王安石	傷仲永	不受之天，固眾人；又不受之人，得為眾人而已邪
	劉開	問說	君子之學必好問

(3)問題與討論示例：

　　a、韓愈〈師說〉

韓愈〈師說〉問題與討論：

(a)為何「古之學者必有師」？

(b)「聖人之所以為聖，愚人之所以為愚」的原因何在？

(c)成為自己學習請益的老師，何以能不論貴賤、長少？

　　b、王安石〈傷仲永〉

王安石〈傷仲永〉問題與討論：

(a)仲永在幼時，有什麼特異之處？

(b)他的父親在發現其過人的天資後，採取了什麼措施？又
　　造成了什麼影響？

(c)仲永原是一個「邑人奇之」的神童，但最後卻淪為普通
　　人，其根本原因何在？

　　c、劉開〈問說〉

劉開〈問說〉問題與討論：

(a)「問」與「學」之間，有何密切的關係？

(b)向「賢於己者」、「不如己者」、「等於己者」請教，能
　　獲得什麼益處？

　2、在主旨的安置和顯隱方面具有同樣之藝術技巧者
　　　——以顯旨安置於篇首為例：

(1)課內相關篇目：

主旨的安置	主旨的顯隱	散文篇目	詩歌篇目
主旨安置於篇首	主旨全顯	兒時記趣	鳥鳴澗
		陋室銘	贈別之二
		勤訓	
		寄弟墨書	
		陶公性檢厲	

(2)相關類文——以詩歌為例：

主旨的安置	主旨的顯隱	作者	詩歌篇目	內容與主旨
主旨安置於篇首	主旨全顯	韋應物	秋夜寄邱二十二員外	懷君屬秋夜，散步詠涼天。空山松子落，幽人應未眠。
		王維	酬張少府	晚年惟好靜，萬事不關心。自顧無長策，空知返舊林。松風吹解帶，山月照彈琴。君問窮通理，漁歌入浦深
		李煜	望江南	多少恨，昨夜夢魂中。還似舊時游上苑，車如流水馬如龍。花月正春風。

(3)問題與討論示例：

> 問題與討論：
>
> (a)試說以上所選各篇類文的主旨為何？
>
> (b)各篇主旨安置的部位何在？
>
> (c)各篇於主旨表現的深淺（顯隱）方面，有何特色？

3、呈現相同之內容結構（或章法）者——以呈現「事
　　—理」之內容結構（即章法上的「先敘後論」結構）
　　的古典散文為例：

(1)課內相關篇目：

作者／出處	篇　目	內容結構之組織
陶淵明	五柳先生傳	「事」—「理」
周敦頤	愛蓮說	「事」—「理」
劉蓉	習慣說	「事」—「理」
呂氏春秋	刻舟求劍	「事」—「理」

(2)相關類文：

　　例如：

　　a、《百喻經·二鴿喻》

全文：

　　昔有雌雄二鴿共同一巢，秋果熟時，取果滿巢。於其
　　後時，果乾減少，唯半巢在。雄瞋雌曰：「取果勤
　　苦，汝獨食之，唯有半在。」雌鴿答言：「我不獨

食，果自減少。」雄鴿不信，嗔恚而言：「非汝獨
食，何由減少？」即便以嘴啄雌鴿殺。未經幾日，天
降大雨，果得濕潤，還復如故。雄鴿見已，方生悔
恨：「彼實不食，我妄殺他。」即悲鳴命喚雌鴿：
「汝何處去！」凡夫之人亦復如是。顛倒在懷，妄取
欲樂，不觀無常，犯於重禁，悔不於後，竟何所及。
後唯悲嘆，如彼愚鴿。

說明：

　　由「昔有雌雄二鴿」至「汝何處去」主要為敘事，陳述
雌雄二鴿因誤會與衝動所造成的遺憾，末段由「凡夫之人」
至「如彼愚鴿」，乃藉鴿喻人，就事發出議論。故全文形成
「事—理」（先敘後論）的結構。

　　　b、宋濂〈猿說〉

全文：

　　武平產猿，猿毛若金絲，閃閃可觀。猿子猶奇，性可
馴，然不離母。母黠，不可致。獵人以毒傅矢，伺母
間射之，母度不能生，灑乳於林，飲子。灑已，氣
絕。獵人取母皮向子鞭之，子即悲鳴而下，斂手就
致。每夕必寢皮乃安，甚者輒抱皮跳擲而斃。嗟夫！
猿且知有母，不愛其死。況人也耶？

說明：

　　由「武平產猿」至「跳擲而斃」為敘述孝猿故事，表現猿母與猿子之間的濃厚親情，篇末由「嗟夫」至「況人也耶」，以猿且知有母，反詰出人應感念母恩、珍惜親情的道理。因此，全文形成「事—理」（先敘後論）的結構。

第五節
活動五：振筆試身手
──內容結構與新式作文的結合

一、教學目的

　　1、訓練辭章內容結構（情、理、事、景）之綜合運用。

　　2、增進國文科讀與寫的基本能力。

二、進行方式

　　針對辭章內容結構成分（情、理、事、景），選擇適合學生程度與興趣之題材，藉由各種新式作文題型（即非傳統命題式作文），配合範文的閱讀與理解，實際動筆練習。

三、題型參考

　　1、仿寫：

　　　　(1)定義：

　　　　　　仿寫是透過分析掌握原作的材料、旨意、結構等特色，根據提示，進行模仿效法，寫成相似或有所創新之作的創作方式[9]。

(2)教學示例——主旨相同，更改材料的仿寫：

　　a、題目：

沈復〈兒時記趣〉曾記錄自己因觀察夏蚊，馳騁想像，而獲得物外之趣的經驗，文章寫道：

夏蚊成雷，私擬作群鶴舞空，心之所向，則或千或百，果然鶴也；昂首觀之，項為之強。又留蚊於素帳中，徐噴以煙，使之沖煙飛鳴，作青雲白鶴觀；果如鶴唳雲端，為之怡然稱快。

請以〈兒時記趣〉為仿寫對象，寫一段自己在兒時，因觀察某種事物而獲得樂趣的經驗。

　　b、教學提示：

　　　　①指導學生先選擇所觀察的物材，又將此物材想像成什麼畫面，如將蒲公英想像成飄雪，將白雲想像成某種形體等。

　　　　②體會從中獲得什麼生活中的趣味。

　　　　③模仿範文，練習寫一段短文即可，不必加上文章的開頭和結尾。

　　　　④結構上，可仿原作，先寫如何細察事物（因

---

9 參見陳滿銘《作文教學指導》，頁44；張春榮《作文新饗宴》，頁106；范曉雯、郭美美、陳智弘、黃金玉《新型作文瞭望台》，頁49；仇小屏〈非傳統作文命題探析〉，《人文及社會學科教學通訊》12卷4期，頁105。

《190》

一：物內），再寫想像為何（因二：物外），
後寫獲得什麼樂趣（果）。

附本段原文結構分析表[10]：

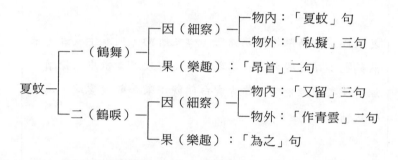

⑤就辭章之內容結構的要素（情、理、事、景）
而言，本題在寫作上，需於物材方面，進行
仔細的觀察與細描，亦需在情意上掌握住童
心童趣。

⑥仿寫題型在實際寫作時，需注意避免流於抄
襲原作。

2、改寫：

(1)定義：

根據所提供的一篇辭章或其部分章節，進行與內
容、形式等方面相關之改動，如文體間的變換寫作、以同一
材料表現不同主旨、改變敘述視角、轉換結構順序等皆屬改

---

[10] 參見陳滿銘《文章結構分析》，頁16。

寫型新式作文[11]。

　　(2)教學示例——改變文體的改寫：

　　　a、題目：

請仔細閱讀以下的寓言故事，並以白話文將它改寫成一篇
短文：

鄭人有欲買履者，先自度其足，而置之其坐。至之市，而
忘操之；已得履，乃曰：「吾忘持度。」反歸取之。及
反，市罷，遂不得履。人曰：「何不試之以足？」曰：
「寧信度，無自信也。」

---

　　　b、教學提示[12]：

　　　　①提點閱讀重點，指導學生掌握文章主旨。

　　　　②適度的添枝加葉，並注意結構組織與文詞修
　　　　　飾。

　　　　③變換文體的改寫，需注意避免流於翻譯。

　3、擴寫：

　　(1)定義：

　　　擴寫是依據題目中所提供的一個句子或一個節

---

[11] 參見陳滿銘《作文教學指導》，頁50～51；張春榮《作文新饗
　宴》，頁155～156；范曉雯、郭美美、陳智弘、黃金玉《新型作文
　瞭望台》，頁127；仇小屏〈非傳統作文命題探析〉，《人文及社會
　學科教學通訊》12卷4期，頁104。

[12] 針對寓言的改寫而言，另可指導學生以改變結局、改變故事細節並
　形成新寓意、加入新角色等方式進行，參見張春榮《文學創作的途
　徑・龜兔賽跑——寓言競寫》，頁125～147。

段，作為寫作基點，在不改變原文的主要內容和中心思想的條件下，添加枝葉，擴充內容，鋪寫成一篇完整的文章[13]。

(2)教學示例：

A、觀察物材的擴寫：

a、題目：

> 試將下列一則短文，擴寫成一篇二百字左右的完整文章。
>
> 今年生日，我收到了一份神秘的禮物，它靜靜的躺在一個精美的禮物袋中，我將它輕輕拿出，打開一看，內心真是十分歡喜。

b、教學提示：

①寫作前可進行記物類的範文閱讀，如：魏學洢〈王叔遠核舟記〉、〈東坡硯〉[14]等，或進行相關寫作技巧之指導，可參考陸逐、朱寶元《初中作文指導》（怎樣說明物品）[15]、小白等《命題作文指導》（記一種生活

---

[13] 參見陳滿銘《作文教學指導》，頁32；張春榮《作文新饗宴》，頁49；范曉雯、郭美美、陳智弘、黃金玉《新型作文瞭望台》，頁25。仇小屏〈非傳統作文命題探析〉，《人文及社會學科教學通訊》12卷4期，頁108。

[14] 見陸逐、朱寶元《初中作文指導》，頁177～178。

[15] 參見陸逐、朱寶元《初中作文指導·怎樣說明物品》，頁177～189。

用具、記一件工藝品、禮物）[16]等教材。

②掌握題目中收受禮物的重點，加以擴充細節。

③可指導學生以凡目法的結構，組織細描物品的內容。

④適時由禮物帶出相關的情意，如親情或友誼等。

B、細述事材的擴寫：

a、題目[17]：

試將下列情境，擴寫成約一百字左右的短文，須加標點符號。

躺在床上，翻來覆去，一直睡不著。

b、教學提示

①寫作前可進行範文閱讀，如：張繼〈楓橋夜泊〉等。

②掌握題目中「睡不著」的重點，加以擴充細節，如：何以睡不著、輾轉反側難以入眠的

---

[16] 參見小白等《命題作文指導》，頁91～93、124～126、134～138。

[17] 見張春榮《作文新饗宴》，頁66～71。

狀態、當時內心的感受等。

第六節
活動六：國語文科際整合教學活動——以藝術與人文領域為例

一、教學目的

1、除國語文學科本身之統整，亦能兼顧科際整合之教學活動。

2、豐富國文科教學內容，提昇學生之學習動機與興趣。

二、教學示例

1、與音樂科統整

(1)詩歌吟唱：

除以相關之錄音、錄影等教材資料，進行欣賞課程外，亦可實際先以朗誦的方式，進行輪誦、疊誦、合誦等活動，再依適合的腔調旋律，在鋼琴或其他樂器的伴奏下，進行齊唱、輪唱、合唱等，更可運用簡單的打擊樂器，如三角鐵、響板、木魚等，配合節奏韻律加以伴奏[18]。

參考教材如：邱燮友《品詩與吟詩》（台北：國立教育廣播電台）、邱燮友《唐詩朗誦》（台北：

---

[18] 參見潘麗珠《國語文教學活動設計》，頁170～171。

東大）、潘麗珠《雅歌清韻——吟詩讀文一起來》
（台北：萬卷樓）、潘麗珠《國語文教學活動設計》
（台北：萬卷樓）、黃冠人《名詩吟唱——唐詩
天籟》（台北：萬卷樓）、張錦雲《古典詩詞吟唱
教學》（臺北：五南）、陳建民《詩歌吟唱教材》
（花蓮：花蓮縣政府文復會）、林正義與黃採雲
《詩詞吟唱教學：國小、國中、高中詩詞吟唱教
材彙編》等。

(2)詩文朗誦與配樂：

本教學活動主要在指導學生，分組製作加上配樂
的詩文朗誦帶，其目的在結合音樂與朗誦教學，
以深刻體會辭章情意[19]。活動進行前，先將學生
分組，並選擇好欲朗誦的課文。在教學方面，先
引領學生深入理解辭章作品的意蘊，並提示朗讀
的方法和聲情表現的重點[20]，說明所選擇的配
樂，必須要能扣合詩文的情韻，且除了前奏、尾
聲等設計外，僅能作為朗誦之背景音樂，故在音
量控制上需加以注意。在技術上，因無法真正使

---

[19] 參見潘麗珠《國語文教學活動設計》，頁15～16。另可製作綜合性
廣播節目帶，將音樂、歌唱、吟誦、介紹、廣播劇、訪談等內容，
作一適宜的編排。參見林素蘭〈假使〈愛蓮說〉這樣教〉，《國文
天地》81期，頁91～94；及連文萍〈國文課的新天地——關於國
文教法的一些體驗〉，《名家論國中國文續編（上）》，頁183～
185；及陳幼君〈真實體驗的學習活動——我是「小小廣播員」（國
語文）〉，《Great Teach 2002創意教學方案發表會》，頁48。

[20] 參見黃錦鋐先生《國文教學法》，頁132～136。

用專業錄音室，故可提示學生，試以兩機對錄的
方式進行，並且在製作過程中，應儘量減少現場
雜音之干擾，以選擇一個安靜的錄音環境為要。
製作完成後，可設計互評單及自評單，進行全班
共賞與互評的活動。

2、與美術科統整：

(1)畫作賞析：

透過書籍、幻燈片或網路，搜尋古典詩文與繪畫
結合的作品，利用幻燈機、電腦與單槍投影機等
多媒體教具，進行展示與賞析，以加強學生對詩
文內容的理解，喚起學生對辭章意境之具體感
受[21]。如辛棄疾〈清平樂‧村居〉在課本上的插
畫，就呈現了本詩相當傳神的空間意象，很值得
教師在進行義旨教學時，向學生解說詩與畫的關
係，並藉由畫面加深印象。餘如：李白〈下江
陵〉、樂府〈敕勒歌〉等，都可在網路上找到國
畫與詩歌結合的作品。

(2)美術創作：

本活動主要在帶領學生就教師所講授的課文範
圍，與美術科進行科際整合教學。其方式之一，
可令學生獨力完成學習單上的繪畫項目，如：
「本課有許多文句所描述的景物，都能以畫面呈
現，試擇課文中的一句或一段，用繪畫表達出

---

[21] 參見潘麗珠《國語文教學活動設計》，頁175。

來」等題型。其二，可配合教材內容，與美術課程做聯結，如學習〈陋室銘〉一課時，可在美術課畫一張「我的書房」[22]，或發揮想像力，彩繪自己心目中的「陋室」。其三，亦可分組共同將詩文的整體或部分內容，以繪畫、拼貼、攝影，甚至利用各種媒材，製作立體塑型等方式表現，並進行猜原文或詩句的對抗賽，以增進學生的參與度[23]。

3、與表演藝術科統整：

(1)一般戲劇的編寫與展演：

這是指導學生將古典詩文改寫成劇本並演出的教學活動。教學時，需先令學生充分掌握辭章文本之主旨與意境，接著可以集體腦力激盪的方式，將之改寫成劇本，在經過選角、製作道具、排演等過程後，加以展演、共同分享。在素材方面，可選擇具有故事性、對話性、或事件發展等內容之詩文來進行劇本的編寫，如課內幾篇故事性強烈的寓言，或〈良馬對〉、〈張釋之執法〉、〈記承天寺夜遊〉[24]、〈過故人莊〉[25]等詩文。在寫

---

[22] 參見「花蓮縣國風國中國文教學網」網站，第四冊第三課教學活動設計；及宜蘭國中郭雅玲〈〈陋室銘〉學習單〉，見網址：http://train.ilc.edu.tw/之「九十年研習成果」。

[23] 教學方式可參考陳忠信〈塗鴉之樂樂無窮──畫圖學成語創意教學法〉，《Great Teach 2002 創意教學方案發表會》，頁35。

[24] 參見范文鳳〈讓課文變劇本──〈記承天寺夜遊〉(現代版)〉，《國文天地》219期，頁104～107。

作上，可掌握住背景（人、事、時、地、物、景等簡介）、對話、動作姿態、旁白等劇本寫作的要素。至於改編的內容，則可忠於原作文本，亦可更改某些情節，重新詮釋，前者適合初習者，後者則可能在教學活動中，擦出更多極具創意和趣意盎然的火花，唯教師在指導學生拿捏情境的設計、主旨的表現上，需多加費心。

(2)音樂短劇的創作與展演：

音樂劇是一種融合戲劇、肢體表演（舞蹈、動作、姿勢、表情）、文學（劇本）、音樂（聲樂與器樂）、美術（造型、舞台、布景）等學科的綜合藝術，在原素上，是以音樂為主軸，引領故事的發展[26]，學生在創作劇本時，尚需考量劇情與角色來編寫詞曲。在素材方面，可就適合的課文自行創作改編，也可依課程之相關主題，直接選擇坊間現成的劇本（附有故事大綱、演員編制、對白、樂譜等）演出[27]。由於音樂劇所牽涉的層面和編制，較一般戲劇龐大，故可配合學校年度戲劇教學活動或班際展演比賽來進行。

---

[25] 參見紀筠婕〈過故人莊行動劇之真實評量〉，《Great Teach 2002 創意教學方案發表會》，頁32。

[26] 參考邱垂堂《音樂與欣賞》；及高雄愛樂藝術工作坊《表演藝術研習》講義。

[27] 參考《文建會2002年兒童音樂短劇創作徵選與推廣——唱唱跳跳扮戲去‧兒童音樂短劇作品集》。

國中國文義旨統整表

表一：主題分類暨篇目表

一、抒情類

類別	篇　　目	文類	主　　旨	安置	顯　隱
喜樂之情	兒時記趣	文	生活上的物外之趣	篇首	全顯
	聞官軍收河南河北	詩	即將返鄉的喜悅	篇腹	全顯
	四時讀書樂之一	詩	讀書之樂	篇末	全顯
	四時讀書樂之二	詩	讀書之樂	篇末	全顯
	過故人莊	詩	老朋友相見的情誼	篇外	全隱
	下江陵	詩	急欲返鄉的心情	篇外	全隱
	客至	詩	有客到訪之喜	篇外	全隱
	江南	詩	採蓮人之樂	篇外	全隱
	清平樂・村居	詞	農家樂	篇外	全隱
閒適之情	鳥鳴澗	詩	恬適的心境	篇首	全顯
	與宋元思書	文	隱逸之情	篇腹	全顯
	記承天寺夜遊	文	閒適之情	篇末	全顯
	山居秋暝	詩	閒淡之情	篇末	全顯
	歸園田居	詩	怡然自得	篇末	全顯
思鄉之情	楓橋夜泊	詩	客愁	篇腹	全顯
	浣溪沙	詞	久滯不得歸	篇末	全顯
	天淨沙	曲	浪跡天涯的愁苦	篇末	全顯
	雜詩	詩	思鄉	篇外	全隱

類別	篇　　目	文類	主　　旨	安置	顯　隱
離別之情	贈別之二	詩	不忍分離之情	篇首	全顯
	黃鶴樓送孟浩然之廣陵	詩	目送友人遠去的離愁	篇外	全隱
其他	山坡羊‧潼關懷古	曲	悲憫百姓之苦	篇腹	全顯
	敕勒歌	詩	北方人的豪邁之情	篇外	全隱

二、說理勸勉類

類別	篇　　目	文類	主　　旨	安置	顯　隱
說理類	《世說新語‧忿狷第三十一》（王藍田性急）	文	對王藍田的性情提出評論	篇首	顯中有隱
	題西林壁	詩	由看山心得引伸出當局者迷的道理	篇末	顯中有隱
	良馬對	文	以馬暗喻在上位者應重用賢才	篇外	全隱
	賣油翁	文	熟能生巧，不需自矜	篇外	全隱
勸勉類	陋室銘	文	勉己進德修業	篇首	全顯
	寄弟墨書	文	務本	篇首	全顯
	座右銘	文	惕勵自己成為有德之君子	篇末	全顯
	愛蓮說	文	表達愛蓮的心意，並勸人力求品德修養	篇末	顯中有隱
	登鸛鵲樓	詩	由登樓現象，喻進取之人生觀	篇末	顯中有隱

三、為學處事類

類別	篇　目	文類	主　旨	安置	顯　隱
為學類	為學一首示子姪	文	力學不倦	篇末	全顯
	習慣說	文	學貴慎始	篇末	全顯
處事類	勤訓	文	尚勤的態度	篇首	全顯
	刻舟求劍	文	用錯誤的方法，無法解決問題	篇末	顯中有隱
	張釋之執法	文	尊重法律、公正處事	篇外	全隱
	愚公移山	文	天助自助、有志竟成	篇外	全隱
	《世說新語·德行第一》（華歆王朗俱乘船）	文	慎始慎終	篇外	全隱
	精衛填海	文	不畏艱難	篇外	全隱
	鷸蚌相爭	文	互不相讓，反使第三者得利	篇外	全隱

四、頌揚類

篇　目	文類	主　旨	安置	顯　隱
《世說新語·政事第三》（陶公性檢厲）	文	陶侃節約檢厲的辦事風格	篇首	全顯
五柳先生傳	文	五柳先生忘懷得失的高尚氣節	篇腹	全顯
王叔遠核舟記	文	王叔遠靈巧的藝術技巧	篇末	全顯
慈烏夜啼	詩	慈烏之孝心，並勸人行孝	篇末	顯中有隱
文天祥從容就義	文	文天祥忠君愛國的情操	篇外	全隱
《世說新語·賢媛第十九》（陶公少時）	文	讚揚陶母之賢	篇外	全隱
江雪	詩	主人翁的高潔幽獨	篇外	全隱
木蘭詩	詩	木蘭因孝心而寫下的不凡事蹟	篇外	全隱

表二：主旨的安置與顯隱統整表

主旨的安置	主旨的顯隱與細部分類	散文篇目	詩歌篇目
主旨安置於篇首	主旨全顯	兒時記趣	鳥鳴澗
		陋室銘	贈別之二
		勤訓	
		寄弟墨書	
		《世說新語·政事第三》（陶公性檢厲）	
	顯中有隱	《世說新語·忿狷第三十一》（王藍田性急）	
主旨安置於篇腹	主旨全顯	五柳先生傳	楓橋夜泊
		與宋元思書	聞官軍收河南河北
			山坡羊·潼關懷古
主旨安置於篇末	主旨全顯	為學一首示子姪	山居秋暝
		記承天寺夜遊	歸園田居
		王叔遠核舟記	四時讀書樂之一
		習慣說	四時讀書樂之二
		座右銘	浣溪沙
			天淨沙
	主旨顯中有隱	愛蓮說	登鸛鵲樓
		刻舟求劍	題西林壁
			慈烏夜啼

主旨的安置	主旨的顯隱與細部分類			散文篇目	詩歌篇目
主旨安置於篇外	主旨全隱	單一類型	單事	張釋之執法	雜詩
				良馬對	木蘭詩
				文天祥從容就義	
				愚公移山	
				《世說新語‧賢媛第十九》（陶公少時）	
				《世說新語‧德行第一》（華歆王朗俱乘船）	
				精衛填海	
				鷸蚌相爭	
				賣油翁	
			單景		江雪
					江南
					敕勒歌
		複合類型			黃鶴樓送孟浩然之廣陵
					下江陵
					過故人莊
					客至
					清平樂‧村居

表三：材料運用統整表

壹、物材的運用

一、自然性物類

㈠植物

1、詩歌

篇　　目	作者	使用材料	作　　用
雜詩	王維	寒梅	點出時令，並為懷想故居之象徵物
過故人莊	孟浩然	綠樹及其他田家景物	由明媚的田園風光，襯托出心情的開朗與愉悅
黃鶴樓送孟浩然之廣陵	李白	煙花	襯托離情，填補兩地空間
楓橋夜泊	張繼	江楓	以紅葉加強鄉愁
四時讀書樂之一	翁森	草	藉綠草的蓬勃生機，形容讀書的無窮樂趣

2、散文

篇　　目	作者	使用材料	作　　用
五柳先生傳	陶淵明	柳	比況自我的人格特質
愛蓮說	周敦頤	菊、牡丹、蓮	分別象徵「隱逸者」、「富貴者」與「君子」

(二)動物

1、詩歌

篇　　目	作者	使用材料	作　　用
敕勒歌	樂府	牛、羊	顯露草原上的無限生機
江南	樂府	魚	襯托採蓮人的歡愉
鳥鳴澗	王維	山鳥	藉時鳴於春澗的鳥聲，以動喻靜，烘托出「鳥鳴山更幽」的意境
客至	杜甫	群鷗	呈現詩人閒逸超俗的生活，並以「來」字暗引「客至」之題旨
慈烏夜啼	白居易	慈烏	以其知反哺母烏為孝親之代表
浣溪沙	周邦彥	杜鵑	思歸意象

2、散文

篇　　目	作者	使用材料	作　　用
鷸蚌相爭	戰國策	鷸、蚌	掌握兩種動物之習性，以作動物寓言
良馬對	岳飛	馬	設喻說理

(三)氣象

1、詩歌

篇　　目	作者	使用材料	作　　用
山居秋暝	王維	新雨後	以天氣之佳，烘托清幽的意境
四時讀書樂之二	翁森	薰風	表現夏日讀書的愉快心境

2、散文

篇　　目	作者	使用材料	作　　用
《世說新語、政事第三》（陶公性檢厲）	劉義慶	積雪始晴	見陶侃行事之檢厲
與宋元思書	吳均	風煙俱淨	渲染廣闊明淨的背景

(四)時節

1、詩歌

篇　　目	作者	使用材料	作　　用
鳥鳴澗	王維	夜、春	點明時間，蘊含禪意
過故人莊	孟浩然	重陽日	以重陽為約，表現老友之間的真摯情誼

2、散文

篇　　目	作者	使用材料	作　　用
記承天寺夜遊	蘇軾	夜	相應於夜間閒遊之題意

㈤天文

1、詩歌

篇　目	作者	使用材料	作　用
歸園田居	陶淵明	月	象徵高潔的人格與愉快的情緒
登鸛鵲樓	王之渙	白日	表現山勢的高峻，契合向上進取的精神

2、散文

篇　目	作者	使用材料	作　用
記承天寺夜遊	蘇軾	月	高潔清淨之意象

㈥地理

1、詩歌

篇　目	作者	使用材料	作　用
木蘭詩	樂府	黃河、黑山、燕山	襯托木蘭的堅毅
題西林壁	蘇軾	廬山	借景喻理
清平樂‧村居	辛棄疾	溪	串起整幅畫面
山坡羊‧潼關懷古	張養浩	潼關	引發作者懷古傷今之慨歎

2、散文

篇　目	作者	使用材料	作　用
陋室銘	劉禹錫	山、水	用以比附「室」

二、人工性物類

(一)人體

1、詩歌

篇　　目	作者	使用材料	作　　用
聞官軍收河南河北	杜甫	涕淚	寫其驟聞捷報時的激動心情

2、散文

篇　　目	作者	使用材料	作　　用
王叔遠核舟記	魏學洢	三主客之姿態	表現三人的悠閒心境，並見刻工之精細，與記載者的描寫入微
文天祥從容就義	胡廣	流涕	對文天祥事蹟的震撼與感動

(二)器物

篇　　目	作者	使用材料	作　　用
木蘭詩	樂府	鞍韉、轡頭、長鞭	刻劃木蘭的戰士形象
下江陵	李白	輕舟	透過舟行的快速，表現歸鄉心切的情意
贈別之二	杜牧	蠟燭	藉物以襯托離情

(三)飲食

1、詩歌

篇　目	作者	使用材料	作　用
客至	杜甫	盤飧、舊醅	體現出主人款客的誠意與賓主間之知己

2、散文

篇　目	作者	使用材料	作　用
《世說新語‧賢媛第十九》（陶公少時）	劉義慶	鮓	見陶母之賢良

(四)建築

1、詩歌

篇　目	作者	使用材料	作　用
天淨沙	馬致遠	小橋、人家	以和樂之景，反襯遊子之愁思

2、散文

篇　目	作者	使用材料	作　用
習慣說	劉蓉	養晦堂之西偏一室	說明習慣對人的影響，進而引出「學貴慎始」之旨

三、角色性人物

(一)詩歌

篇　　目	作者	使用材料	作　　用
江雪	柳宗元	簑笠翁	藉簑笠翁的幽獨形象，影射自己高曠孤峭的性行

(二)散文

篇　　目	作者	使用材料	作　　用
五柳先生傳	陶淵明	無懷氏之民、葛天氏之民	以遠古時代的人民，喻逍遙自適的生活態度
寄弟墨書	鄭燮	農夫、讀書人、工人與賈人	透過「四民」之間的對比，凸出「堪為農夫以沒世」的旨意

貳、事材的運用

一、歷史事材類

(一)詩歌

篇　　目	作者	使用材料	作　　用
山居秋暝	王維	王孫自可留	反用語典，以表達歸隱山林之心願
四時讀書樂之二	翁森	北窗高臥羲皇侶	閒適逍遙的讀書之樂

㈡散文

篇　目	作者	使用材料	作　用
座右銘	崔瑗	施人慎勿念，受施慎勿忘	引《戰國策》語典以自勉
張釋之執法	司馬遷	執法過程	表現張釋之尊重法律、行事公正
陋室銘	劉禹錫	「南陽諸葛廬，西蜀子雲亭」與「孔子云：何陋之有」	前者以歷史上兩個知名人物的名室和自己的陋室作類比；後者暗含「君子居之」之意
文天祥從容就義	胡廣	文天祥事蹟	讚揚文天祥忠君愛國的精神
勤訓	李文炤	邵子云：「一日之計在於晨，一歲之計在於春，一生之計在於勤。」	加強文章的說服力

二、現實事材類

㈠詩歌

篇　目	作者	使用材料	作　用
聞官軍收河南河北	杜甫	劍外忽傳收薊北	寫安史之亂的平定，交代詩作的時空背景

(二)散文

篇　　目	作者	使用材料	作　　用
《世說新語‧德行第一》（華歆王朗俱乘船）	劉義慶	俱乘船避難	記載華歆、王朗一同乘船逃難之事件，隱伏待人處事之道
賣油翁	歐陽脩	軼事一則	藉軼事說明戒矜的道理
兒時記趣	沈復	憶童稚時	寫因觀察微物而獲得生活樂趣

三、虛構事材類

(一)詩歌

篇　　目	作者	使用材料	作　　用
客至	杜甫	假設性事材	加強客至的愉悅氣氛

(二)散文

篇　　目	作者／出處	使用材料	作　　用
精衛填海	山海經	神話	表達一種堅毅精神
刻舟求劍	呂氏春秋	寓言	用錯誤的方法，必使行事徒勞無功
愚公移山	列子	寓言	自助他助，有志竟成
《世說新語‧忿狷第三十一》（王藍田性急）	劉義慶	假設性事材	強調為人處事應戒性急
為學一首示子姪	彭端淑	蜀鄙二僧之故事	說明成事與否在於為與不為

─── ∽◯ 附 錄 二 ◯∽ ───

主要參考書目

（每類依作者姓氏筆劃排序）

一、專書

㈠國中國文教材類

仁林版《國民中學國文》，台中：仁林文化出版企業股份有
　限公司。

育成版《國民中學國文》，台北：育成書局企業股份有限公
　司。

南一版《國民中學國文》，台南：南一書局企業公司。

國立編譯館《國民中學國文》，台北：國立編譯館。

康軒版《國民中學國文》，台北：康軒文教事業股份有限公
　司。

翰林版《國民中學國文》，台南：翰林出版事業股份有限公
　司。

㈡國文教學類

小白等編著《命題作文指導》，上海：少年兒童出版社，
　1992.1。

仇小屏《詩從何處來》,台北:萬卷樓圖書有限公司,
　　2002.9。

王熙元《詩詞評析與教學》,台北:萬卷樓圖書有限公司,
　　1995.9。

江錦玨《詩詞義旨透視鏡》,台北:萬卷樓圖書有限公司,
　　2001.9。

范曉雯、郭美美、陳智弘、黃金玉《新型作文瞭望台》,台
　　北:萬卷樓圖書有限公司,2001.9。

莊銀珠《高中國文教學設計活路》,台北:新學識文教出版
　　中心,1992.8。

教育部《國民中小學九年一貫課程暫行綱要語文學習領
　　域》,教育部,2001.1。

教育部編《Great Teach 2002創意教學方案發表會》,教育
　　部,2002.4。

梁桂珍《國語文教學的多元探索》,台北:文史哲出版社,
　　1993.8。

陸逐、朱寶元編著《初中作文指導》,上海:少年兒童出版
　　社,1990.5。

章微穎《中學國文教學法》,台北:蘭臺書局,1969。

陳滿銘《作文教學指導》,台北:萬卷樓圖書有限公司,
　　1997.10二刷。

陳滿銘等著、傅武光主編《名家論國中國文續編》,台北:
　　萬卷樓圖書有限公司,1998.9。

張春榮《作文新饗宴》,台北:萬卷樓圖書有限公司,
　　2002.8。

張春榮《文學創作的途徑》，台北：爾雅出版社有限公司，
2003.7。

黃錦鋐《國文教學法》，台北：三民書局股份有限公司，
1997.7。

劉崇義編著《國中古典詩歌散文賞析續篇》，台北：貫雅文
化事業有限公司，1994.10。

潘麗珠《臺灣現代詩教學研究》，台北：五南圖書出版有限
公司，1999.3。

潘麗珠《國語文教學活動設計》，台北：萬卷樓圖書有限公
司，2001.9。

㈢詩文評註及理論類

于非編著《古代風景散文譯釋》，哈爾濱：黑龍江人民出版
社，1982.3。

王夫之《薑齋詩話》，北京：人民文學出版社，1998.2。

王文濡《唐詩評註讀本》，上海文明書局排印本，1932。

王更生《蘇軾散文研讀》，台北：文史哲出版社，2001.2。

王國安主編《古代散文賞析》，上海：漢語大辭典出版社，
2000.10。

李元洛《歌鼓湘靈》，台北：東大圖書公司，1990.8。

李浩《唐詩的美學詮釋》，台北：文津出版社有限公司，
2000.5。

林東海《古詩哲理》，上海：學林出版社，2001.6。

金性堯注《唐詩三百首新注》，台北：書林出版有限公司，
1994.5三刷。

林景亮《評註古文讀本》，台北：臺灣中華書局，1969.1臺
　　一版。

林雲銘《古文析義》，台北：廣文書局有限公司，1997.9八
　　版。

吳楚材評註、王文濡校勘《精校評註古文觀止》台北：臺灣
　　中華書局，1988.10臺12版。

邱燮友註譯《新譯唐詩三百首》，台北：三民書局股份有限
　　公司，1976.12修訂初版。

昭明太子編、李善注《文選》，台北：藝文印書館，1991.12
　　十二版。

柳晟俊《王維詩研究》，台北：黎明文化事業股份有限公
　　司，1987.7。

俞陛雲《唐宋詞選釋》，台北：廣文書局有限公司，1977.7
　　再版。

施補華《峴傭說詩》（收於《清詩話》），台北：藝文印書
　　館，1977.5再版。

洪邁《容齋詩話》，台北：廣文書局有限公司，1971.9。

徐公持、吳小如等著《古代抒情散文鑑賞集》，台北：國文
　　天地雜誌社，1989.6。

徐征、張月中、張聖潔、奚梅主編《全元曲》，河北：河北
　　教育出版社，1998.8。

徐增《而庵說唐詩》（收於《四庫全書存目叢書》），台南：
　　莊嚴文化，1995。

唐汝詢《唐詩解》（收於《四庫全書存目叢書》），台南：莊
　　嚴文化，1995。

浦起龍《讀杜心解》，台北：中央輿地出版社，1970.12。

陳友冰《兩漢南北朝樂府鑑賞》，台北：五南圖書出版有限
　　公司，1996.5。

陳滿銘《詩詞新論》，台北：萬卷樓圖書有限公司，
　　1994.6。

陳鐵民《王維新論》，北京：北京師範學院出版社，
　　1990.9。

黃子雲《野鴻詩的》（收於《清詩話》），台北：藝文印書
　　館，1977.5再版。

黃永武《中國詩學——設計篇》，台北：巨流圖書公司，
　　1999.9十三刷。

黃永武《中國詩學——鑑賞篇》，台北：巨流圖書公司，
　　1999.9十二刷。

黃永武《詩與美》，台北：洪範書店，1997.4六印。

黃振民《歷代詩評解》，台南：興文齋書局，1969.12。

喻守真《唐詩三百首詳析》，台北：臺灣中華書局，1995.1
　　臺二十三版。

喻朝剛、吳帆、周航編著《宋詩三百首譯析》，長春：吉林
　　文史出版社，1998.2。

葉楚傖主編《樂府詩選》，台北：正中書局，1991.3九刷。

楊仲弘《杜律心法》（收於《詩學指南》），台北：廣文書
　　局，1987.3再版。

楊海明《唐宋詞主題探索》，高雄：麗文文化事業股份有限
　　公司，1995.10。

趙山林《詩詞曲藝術論》，浙江：浙江教育出版社，

1998.6。

劉禹昌、熊禮匯《唐宋八大家文章精華》，湖北：新華書店，1987.5。

劉鐵冷《作詩百法》，台北：廣文書局，1991.10再版。

(四)章法類

仇小屏《文章章法論》，台北：萬卷樓圖書有限公司，1998.11。

仇小屏《章法新視野》，台北：萬卷樓圖書有限公司，2001.9。

陳佳君《虛實章法析論》，台北：文津出版社有限公司，2002.11。

陳滿銘《文章結構分析》，台北：萬卷樓圖書有限公司，1999.5。

陳滿銘《章法學新裁》，台北：萬卷樓圖書有限公司，2001.1。

陳滿銘《章法學論粹》，台北：萬卷樓圖書有限公司，2002.7。

陳滿銘《章法學綜論》，台北：萬卷樓圖書有限公司，2003.6。

(五)其他類

王立《心靈的圖景──文學意象的主題史研究》，上海：學林出版社，1999.2。

王立《中國古代文學十大主題》，台北：文史哲出版社，

1994.7。

王更生《文心雕龍讀本》，台北：文史哲出版社，1997.10六
　　刷。

王恒展等《中國古代寓言大觀》，台北：添翼文化事業有限
　　公司，1995.3。

王桂蘭《遙遠的故事——古代神話傳說》，台北：萬卷樓圖
　　書有限公司，1999.10。

王國維《王觀堂先生全集》，台北：文華出版公司，
　　1968.3。

沈括《夢溪筆談》（四部叢刊續編子部），台北：臺灣商務印
　　書館，1966。

沈復《浮生六記》，台北：漢聲出版社，1975.1。

李安《宋文丞相天祥年譜》台北：臺灣商務印書館股份有限
　　公司，1980.7。

吳秋林《中國寓言史》，福州：福建教育出版社，1999.3。

邵雍《伊川擊壤集》（四部叢刊初編集部），台北：臺灣商務
　　印書館，1965。

張伯行編《宋周濂溪先生惇頤年譜》，台北：臺灣商務印書
　　館股份有限公司，1978.4。

紀昀《紀文達公遺集》，清嘉慶十七年（1812年）刊本。

袁珂《中國古代神話》，台北：臺灣商務印書館股份有限公
　　司，1996.6二刷。

陳植鍔《詩歌意象論》，北京：中國社會科學出版社，
　　1992.11二刷。

陳繹曾《文說》（收於文淵閣《四庫全書》），台北：臺灣商

務印書館，1986.3。

陶淵明著、李公煥箋《箋注陶淵明集》（四部叢刊初編集
　　部），台北：臺灣商務印書館，1965。

張撝之譯注《世說新語譯注》，上海：上海古籍出版社，
　　1996.12。

黃錫珪《李太白年譜》，台北：學海出版社，1980.8。

摯虞《摯太常遺書》，台北：藝文印書館，1970。

劉文剛《孟浩然年譜》，北京：人民文學出版社，1995。

劉正浩等注譯《新譯世說新語》，台北：三民書局股份有限
　　公司，1996.8。

劉勰著、范文瀾注《文心雕龍注》，台北：學海出版社，
　　1991.12再版。

劉熙載《藝概》，台北：華正書局，1988.9。

蕭瑞峰《多情自古傷離別——古典文學別離主題研究》，台
　　北：文史哲出版社，1996.6。

羅聯添《白樂天年譜》，台北：國立編譯館，1989.7。

嚴雲受《詩詞意象的魅力》，合肥：安徽教育出版社，
　　2003.2。

二、論文

㈠學位論文

李清筠《時空情境中的自我影像——以阮籍、陸機、陶淵
　　明詩為例》，國立臺灣師範大學國文研究所博士論文，
　　1999.5。

陳清俊《盛唐詩時空意識研究》，國立臺灣師範大學國文研
　究所博士論文，1996.6。

施惠真《國中國文科統整課程的設計歷程與教學實施結果之
　研究》，國立臺灣師範大學教育心理與輔導研究所碩士論
　文，2002.6。

張蕙蘭《國民中學國文科課程統整實施之研究》，國立臺灣
　師範大學教育研究所碩士論文，2003.6。

(二)**單篇論文**

仇小屏〈論「圖底」章法的空間結構〉，《國文天地》17卷5
　期，頁100～104，2001.10。

仇小屏〈非傳統作文命題探析〉，《人文及社會學科教學通
　訊》12卷4期，頁91～130，2001.12。

史雙元〈〈鳥鳴澗〉別解〉，《人間福報》2002.12.6。

江寶釵〈從史詩角度讀〈木蘭詩〉——兼談南北樂府詩之
　情調差異〉，《國文天地》63期，頁86～87，1980.8。

李如鸞〈短小、精粹、雋永——劉禹錫〈陋室銘〉賞析〉，
　《國文天地》45期，頁75～77，1989.2。

沈秋雄〈一首喜心翻倒的詩——杜甫〈聞官軍收河南河北〉
　賞析〉，《國文天地》48期，頁98～99，1989.5。

范文鳳〈讓課文變劇本——〈記承天寺夜遊〉(現代版)〉，
　《國文天地》219期，頁104～107，2003.8。

周兆祥〈山水駢文的佳作——讀吳均〈與宋元思書〉〉，
　《文史知識》1982年11期，頁40～43，1982.11。

易俊傑〈奇山異水天下獨絕——吳均〈與宋元思書〉賞

析〉，《國文天地》65期，頁92～95，1990.10。

林素蘭〈假使〈愛蓮說〉這樣教〉，《國文天地》81期，頁91～94，1992.2。

林聆慈〈古典詩詞中的月意象〉，《國文天地》17卷10期，頁56～61，2002.3。

孫蓉蓉〈遊子的愁思——馬致遠〈天淨沙・秋思〉賞析〉，《國文天地》17卷10期，頁96～98，2002.3。

連文萍〈啞啞思侵曲・苦苦勸世歌——白居易〈慈烏夜啼〉賞析〉，《國文天地》53期，頁92～93，1998.10。

陳佳君〈情景法的理論與應用——以中學詩歌課文為例〉，《國文天地》15卷5期，頁72～80，1999.10。

陳佳君〈論辭章內容結構之單一類型——以其所適用的章法為考察重心〉，《修辭論叢（四）》，頁665～686，2002.5。

陳啟佑〈欲把金針度與人——如何教學生寫新詩〉，《國文天地》106期，頁83～91，1994.3。

陳滿銘〈談近體詩的欣賞——以國中國文課本所選作品為例〉，《國文天地》104期，頁78～84，1994.1。

陳滿銘〈論意象與辭章〉稿本，2003.8。

陳滿銘〈辭章「多、二、一（0）」結構論〉稿本，2003.8。

曾永義〈「人家」與「平沙」——馬致遠〈天淨沙〉的異文及其意境〉，《國文天地》50期，頁79～80，1989.7。

傅武光〈〈愛蓮說〉的弦外之音〉，《國文天地》48期，頁106～107，1989.5。

張高評〈〈木蘭詩〉賞析〉，《國文天地》48期，頁96～98，

1989.5。

黃克〈小令中的天籟——〈天淨沙〉〉，《國文天地》46
期，頁76～77，1989.3。

劉崇義〈兩首〈登鸛鵲樓〉詩之比較〉，《國文天地》95
期，頁105～108，1995.2。

薛順雄〈論陶潛「五柳」的象徵意義〉，《東海中文學報》
第八期，頁87～95，1988.7。

三、網站

台南市後甲國中國文加油站：http://163.26.9.12/noise/hcjh-
ca-newtop.htm

花蓮縣國風國中國文教學網：http://content.edu.tw/junior/chi-
nese/hl_gf/main.htm

高雄縣五甲國中教學園區：http://content.edu.tw/junior/chi-
nese/ks_wg/pedagogy.htm

教育部教材資源中心：http://content1.edu.tw/

國文e點通：http://www2.nsysu.edu.tw/ezchinese/net.htm

傳統中學文學：http://www.literature.idv.tw/

網路展書讀：http://cls.admin.yzu.edu.tw/

蘋果種子：http://140.111.66.30/www/rhlan/artical/

國家圖書館出版品預行編目資料

國中國文義旨教學 ／陳佳君著. -- 初版. --

臺北市：萬卷樓，2004[民 93]

面；　　公分

參考書目：面

ISBN 957－739－466－3(平裝)

1.國文－教學法 2.中等教育－教學法

524.31　　　　　　　　　　93000001

國中國文義旨教學

著　　　者：陳佳君

發 行 人：楊愛民

出 版 者：萬卷樓圖書股份有限公司
　　　　　臺北市羅斯福路二段 41 號 6 樓之 3
　　　　　電話(02)23216565‧23952992
　　　　　傳真(02)23944113
　　　　　劃撥帳號 15624015

出版登記證：新聞局局版臺業字第 5655 號

網　　　址：http://www.wanjuan.com.tw

E－mail　：wanjuan@tpts5.seed.net.tw

經 銷 代 理：紅螞蟻圖書有限公司
　　　　　臺北市內湖區舊宗路二段 121 巷 28 號 4F
　　　　　電話(02)27953656(代表號)　傳真(02)27954100

E－mail　：red0511@ms51.hinet.net

承 印 廠 商：晟齊實業有限公司

定　　　價：200 元

出 版 日 期：2004 年 2 月初版